漫畫

巴菲特雪球投資術

日本大學商學院教授 濱本明——總監修
Chabo——漫 畫
劉格安——譯 者

マンガでわかる
バフェットの投資術

WARREN BUFFETT
INVESTMENT
METHOD

contents

巴菲特的**格言**

即使現在我76歲了，但我仍持續實踐我19歲時在書中讀到的概念。

PART 3 壯年期 初識「費雪理論」與出任波克夏董事

巴菲特的**格言**

買進股價合理的卓越公司，勝過買進那些股價便宜的平庸公司！

巴菲特的格言

要建立信用最少得花20年的時間，
但毀掉它只要短短5分鐘。 158

PART 4 全盛期

波克夏的經營及它跟關係企業的往來

PART 5 老年期

年屆90仍在第一線 持續投資的巴菲特

前言

我目前在大學從事會計學的研究與教育工作。在會計學的其中一個領域——財務會計中，探求的是財務報表如何呈現出企業真實的樣貌，以及如何對使用者有所幫助。

儘管財務報表上充斥著與金錢相關的重要資訊，而且會計學既有趣又值得鑽研，但現狀卻是主修這門學科的學生正在逐漸減少，究其原因之一，恐怕也是受到「由於ＡＩ的進步，人工的會計將會遭到淘汰」這種無稽之談的影響。不過，會計並不是只牽扯到計算而已，還會牽扯到語言文字，況且也有很多相關法令的修正，因此要完全交給ＡＩ幾乎是不可能的事。

於是，為了設法增加主修會計學的學生，我把腦筋動到了巴菲特身上。巴菲特是經常登上《富比士》雜誌全球富豪榜前三名的超級富豪，而他成功的祕訣，就在於「會計」。他靠著解讀不同公司的財務報表來決定投資標的，並以投資人的身分獲得巨大成功。因此，他相當重視會計，甚至斷言說：「上了大學就應該要學習會計學才對。」

綜上所述，我雖然沒有自信能充分傳達會計學的有趣之處，但為了讓學生知道「會計一定能對自己有所幫助」，甚至更露骨地說：「懂會計能讓你賺很多錢！」於是，我決定一假巴菲特之手。

巴菲特身上有非常多可讓我們效法之處，不僅是他運用會計學的投資方法，還包括他的生存之道與投資哲學等等。就在我剛開始思忖「這件事情只告訴學生會不會太可惜了」時，日本就出現「２０００萬日圓」這個議題。

２０１９年６月３日，日本金融審議會公布了一份《高齡化社會中資產的形成與管理》報告，當中提到在人們退休後的三十年間，若光靠年金收入生活，大約還需要２０００萬日圓才足夠，因此在新聞媒體上引起軒然大波。其實那份報告想要傳達的事情之一，就是要民眾好好地為高齡化社會儲備資產。因此我認為，為了退休後的生活著想，「向巴菲特學習」這件事，對我們所有人來說都很重要。

懇請所有翻閱本書的讀者，務必多多向巴菲特學習，並將其投資之道運用在個人資產的建立上，藉此創造豐盈的人生。

濱本明

PART

1

幼年期

巴菲特的
成長環境與
早熟的商業天賦

巴菲特的格言 *Buffett's words*

「在我還很小的時候，我就開始捏自己的小雪球了。若再晚十年，就沒有現在的我。」

——《雪球：巴菲特傳》第64章

從小就開始滾雪球的巴菲特

巴菲特身為一名投資家，他屢屢讓事業邁向成功，至今累積龐大的資產。而在他成功的背後，有著從10幾歲就開始累積資產的遠因。在艾莉絲・施洛德（Alice Schroeder）的《雪球：巴菲特傳》[1]中，巴菲特將這個累積財富的過程，比喻為「把雪球愈滾愈大」，他說，如果自己再晚個十年才開始堆雪球的話，他就無法建立現在的地位了。

他之所以這麼說，**正是因為巴菲特成為億萬富翁的契機，來自於他20到30幾歲時的事業，而那些事業的基礎，則奠基於他10幾歲時所做的生意與投資上。**如果沒有10幾歲時的經驗，別說是億萬富翁了，或許他連成功的投資家都不是。

出生於1930年經濟大蕭條時期的巴菲特，受到身為證券營業員的父親影響，從小就踏入商業的世界。所謂的商業，其實最初也不過就是挨家挨戶地敲門、兜售他從祖父的雜貨店所進貨的口香糖或可口可樂而已。到後來，他甚至連使用過的高爾夫球與爆米花都開始販售。在他11歲的時候，他的存款就已累積了120美元（若換算成現值，約為2140美元）。此外，童年時期的巴菲特就已展現出他對股票的興趣，他與姊姊桃莉絲（Doris Buffett）第一次嘗試股票投資，而當時他所學到的3個

1 由彭博新聞社專欄作家施洛德執筆，採訪巴菲特本人及其家人、朋友的個人傳記，於2008年9月出版。

教訓，成為貫徹他一生的重要信條。

累積資產要愈早開始愈好

如前所述，巴菲特在10幾歲時，就已做過許多成功的生意，捏出自己的小雪球，而那些小雪球在他後來的事業中愈滾愈大。

多年之後他說：「重要的是在遊戲中洞燭機先，不必過於複雜，但總比後知後覺來得好。」

這裡的「遊戲」，是巴菲特經常掛在嘴邊的用語，也是經濟學中經常使用的概念。簡單來說，就是生存在社會上的人，為了追求各自的利益，在相互依賴的前提下做決策時的討價還價。

要成為一名成功的事業家，必須在每一次的討價還價中洞燭機先，必須在別人展開行動之前搶占先機。從這層意義上來說，巴菲特十分強調「任何小事都應該儘早開始」的重要性。

此外，巴菲特也說：「只要有充足的雪量，雪球就會愈滾愈大。不過，前提是必須花時間等待才行，而且若想沾上大量的雪，也必須先成為夠資格的人物才行。」意思是說，想要讓雪球愈滾愈大，必須花很長的時間去嘗試錯誤，並多多累積經驗讓自己成長。這番話由年輕時就開始滾雪球、最終獲得莫大成功的巴菲特說來，格外有說服力。

資產960億美元，換算成日幣大約是10兆5600億圓※
名下資產在全世界排名第6的男人——
華倫·巴菲特
Forbes
400

※截至2021年4月6日的數據。根據2022年的《富比士》雜誌「全球富豪榜」調查，巴菲特的淨資產已成長至1,180億美元。

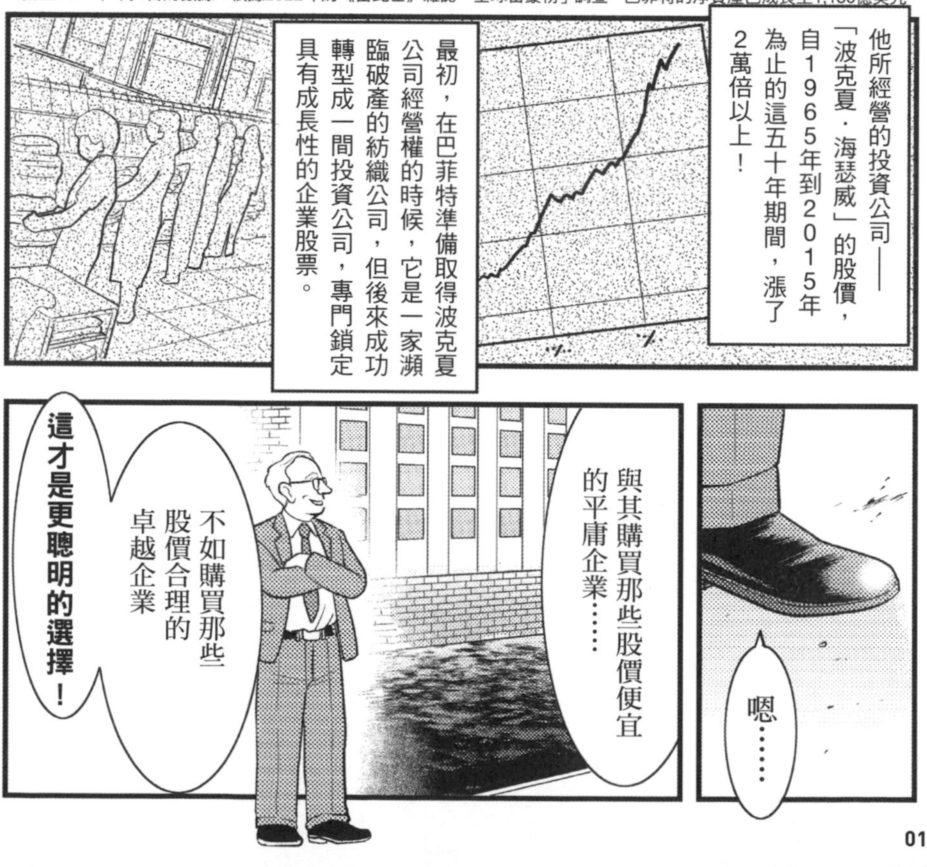
他所經營的投資公司——「波克夏·海瑟威」的股價，自1965年到2015年為止的這五十年期間，漲了2萬倍以上！
最初，在巴菲特準備取得波克夏公司經營權的時候，它是一家瀕臨破產的紡織公司，但後來成功轉型成一間投資公司，專門鎖定具有成長性的企業股票。
嗯……
與其購買那些股價便宜的平庸企業……
不如購買那些股價合理的卓越企業
這才是更聰明的選擇！

1930年8月30日
美國內布拉斯加州的鄉下小鎮奧馬哈——
父親霍華，與母親萊拉生下了巴菲特。
巴菲特出生前一年的1929年，全世界才剛因為華爾街爆發的股災，陷入史上最大規模的經濟大蕭條。
經濟大蕭條持續了五年以上……
當時從事證券營業員的霍華，也受到經濟大蕭條的波及，失去了工作與存款……
FOR SALE
萊拉是家庭主婦，沒有收入來源，因此年幼的巴菲特與姊姊，跟隨雙親過著貧窮的生活。

不過，霍華並沒有被困境所擊倒——
1931年 他創立了證券公司巴菲特·福克
我們一起開證券公司吧！
只要我們賣的是安全穩當的證券，一定能成功！
友人 卡爾·福克
我要競選眾議院議員！
1942年 霍華當選眾議院議員
後來又連任了四屆議員
每當霍華碰到需要決議的事件時，他往往都是站在少數派哪一邊，但他總是很開朗，從來不會對此感到氣餒或改變自己的態度。
這樣的生活態度，對巴菲特影響甚鉅。
我的父親教會我應該怎麼樣生活！
——《雪球》
巴菲特從小的數學與記憶力就非常好，還曾背誦出世界各國的都市人口、賽馬或棒球的比賽結果等，讓周圍的人大吃一驚。
TOKYO
東京有730萬人、倫敦有860萬人、紐約則有——740萬人……
昨天第三場賽馬比賽的結果是4—6—2！

在巴菲特10歲的時候……
華倫，要不要一起去東岸旅遊啊？
真的嗎!?那也順便帶我去參觀紐約證券交易所吧！
嗚 嗚——
哇塞！
嘿，小傢伙，來參觀嗎？要不要一起去吃午餐啊？
當然好啊！
紐約證券交易所員工
阿特・莫爾
嘿～給我來根菸！
好的。
就這支吧。
充滿自信的有錢人！
這就是我應該追求的目標！
巴菲特的心思愈來愈嚮往商業世界，
他甚至把證券營業員當作自己未來的夢想。

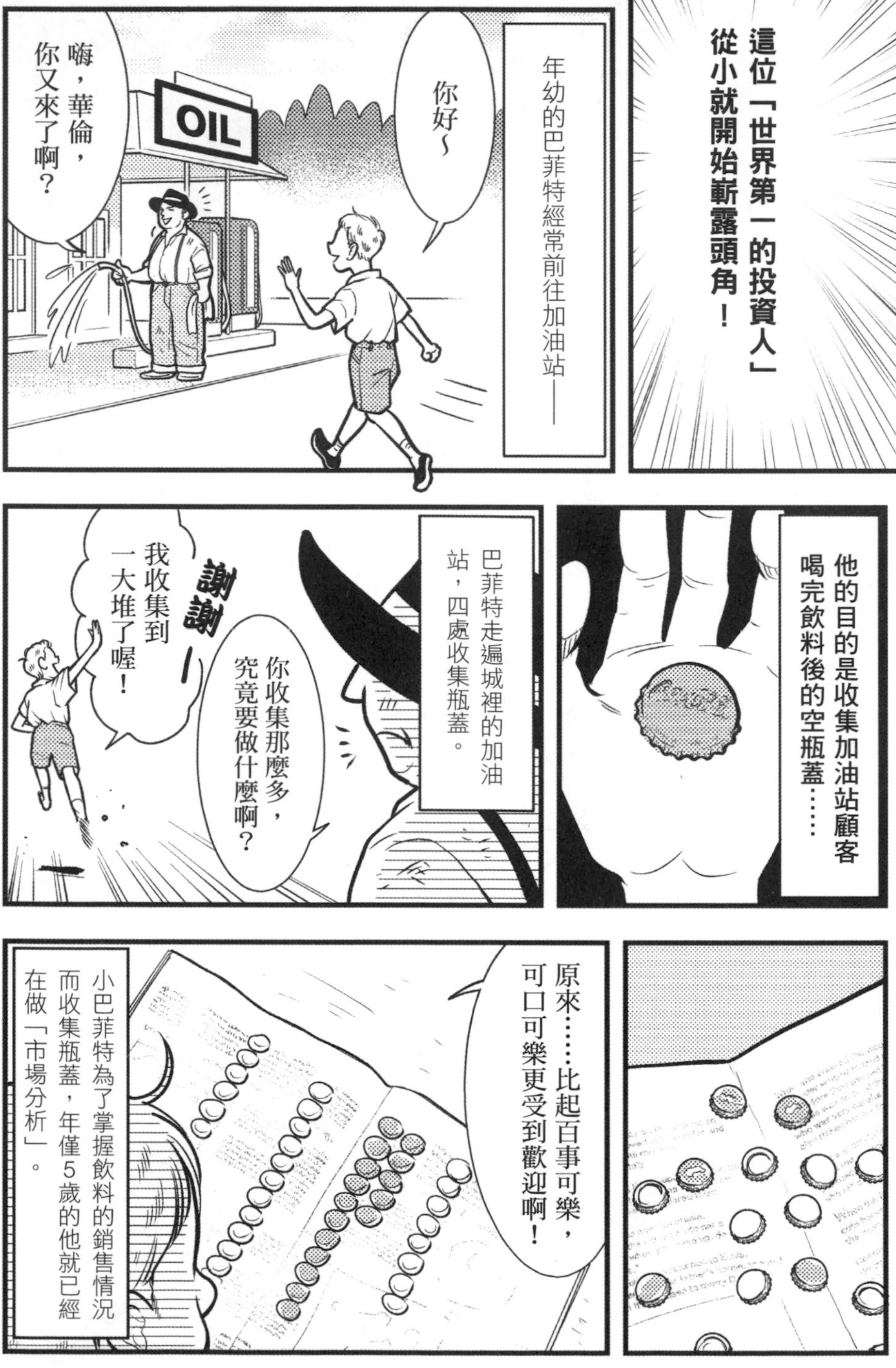
這位「世界第一的投資人」從小就開始嶄露頭角！
年幼的巴菲特經常前往加油站——
你好～
嗨，華倫，你又來了啊？
OIL
他的目的是收集加油站顧客喝完飲料後的空瓶蓋……
巴菲特走遍城裡的加油站，四處收集瓶蓋。
你收集那麼多，究竟要做什麼啊？
謝謝——
我收集到一大堆了喔！
原來……比起百事可樂，可口可樂更受到歡迎啊！
小巴菲特為了掌握飲料的銷售情況而收集瓶蓋，年僅5歲的他就已經在做「市場分析」。

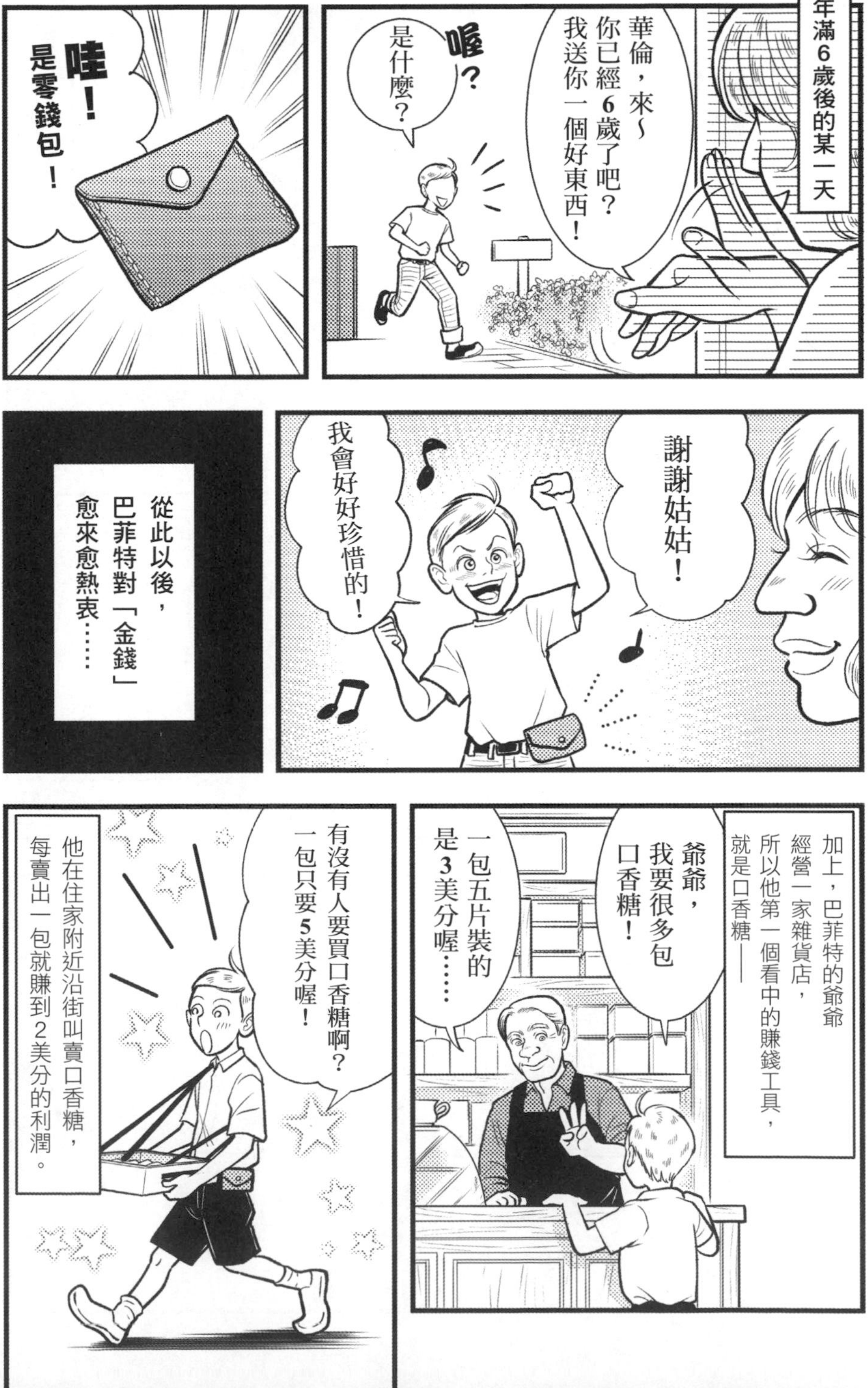
年滿6歲後的某一天
華倫，來~
你已經6歲了吧？
我送你一個好東西！
喔？
是什麼？
哇！
是零錢包！
謝謝姑姑！
我會好好珍惜的！
從此以後，
巴菲特對「金錢」
愈來愈熱衷……
加上，巴菲特的爺爺
經營一家雜貨店，
所以他第一個看中的賺錢工具，
就是口香糖——
爺爺，
我要很多包
口香糖！
一包五片裝的
是3美分喔……
有沒有人要買口香糖啊？
一包只要5美分喔！
他在住家附近沿街叫賣口香糖，
每賣出一包就賺到2美分的利潤。

巴菲特的腦袋非常地精明——
我不要五片一包的，可以只賣一片給我嗎？
不行！
No!
這樣剩下來的四片會很難賣掉……
靠著賣口香糖賺到一點錢之後，他也開始販賣可口可樂……
爺爺，我要很多瓶可口可樂！
咦，這次是可樂嗎？六瓶是25美分喔……
……但是，可樂跟口香糖不一樣，沒有人會一次買六瓶吧……
有沒有人要買可口可樂？一瓶只要5美分喔！
從這個時候開始，他就已經懂得視市場需求來做生意。

在巴菲特7歲的時候，他讀到一本名為《1000種賺進1000美元的方法》的書……
太厲害了……
他從這本書中學到了「複利效應」。
華倫啊，你畫一張股市圖表來看看。
嗯♪
巴菲特經常跑到父親工作地點附近的證券公司問問題，那裡的營業員都非常喜歡這個小夥子
到了他11歲那一年巴菲特更下定決心——
我要在30歲前成為百萬富翁！
如果沒做到的話，我就從奧馬哈最高的建築物上跳下去！

年僅11歲，就已存到120美元※1的小巴菲特。
11歲的巴菲特
在父親與莫爾※2的影響下，他一直在等待買進股票的時機。
姊姊～我想要試試「股票投資」！
妳也一起來試試看嘛！
姊姊・桃莉絲
我想買這家叫「城市服務」的公司股票！
噢耶──我要買進第一檔股票了！
我也要成為股東了！
城市服務（Cities Service）
股價：38.25美元
嗯……
我不是很懂股票欸……但你想買的話就買吧！
後來──
啊啊啊！

※1 相當於現今的24萬日圓。

※2 他第一次參觀紐約證交所遇見的大人。

股價下跌了！
城市服務
股價：27美元
怎麼辦……我還叫姊姊一起出錢投資…！
接著，又過了幾天
巴菲特只要一有空就盯著股價看。
啊——股價上漲了！
CITIES SERVICE...$40
得趁現在趕緊賣出才行！
然而，接下來悲劇發生了……
我聽說了喔！「城市服務」的股價是不是飆漲到202美元了？
那檔股票我早就賣掉了……
唉！要是那時候沒有賣出的話，我應該可以賺到將近500美元價差的說……
哈哈哈
別那麼沮喪啦！反正你也沒有虧錢啊……
哈哈哈
哈哈哈
哈哈
經過這次失敗，小巴菲特學到幾個非常重要的教訓——
・不要執著於買進時的股價。
・不要短視近利。
・不要用別人的錢投資。

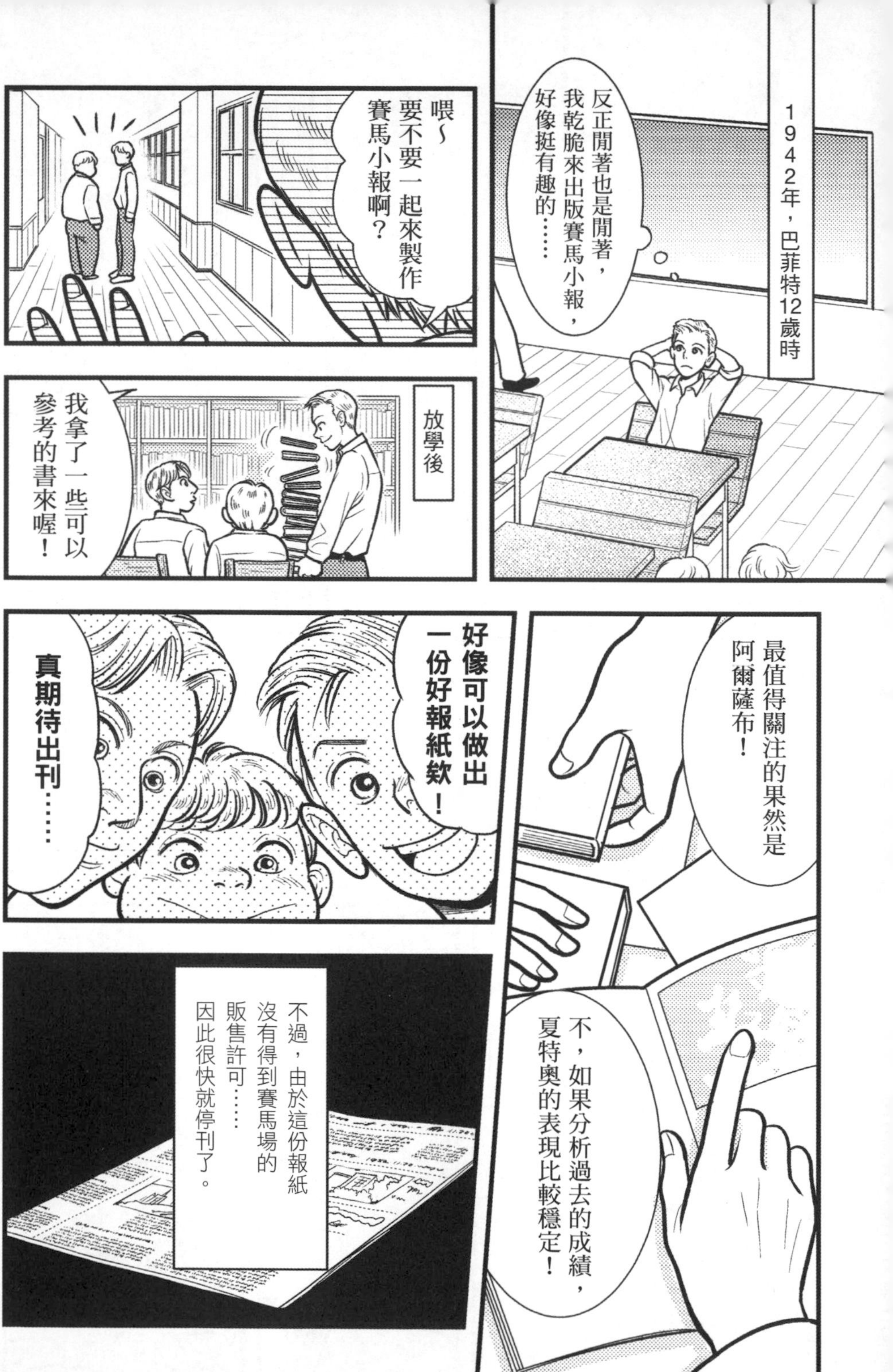
1942年，巴菲特12歲時
反正閒著也是閒著，我乾脆來出版賽馬小報，好像挺有趣的……
喂～要不要一起來製作賽馬小報啊？
放學後
我拿了一些可以參考的書來喔！
最值得關注的果然是阿爾薩布！
不，如果分析過去的成績，夏特奧的表現比較穩定！
好像可以做出一份好報紙欸！
真期待出刊……
不過，由於這份報紙沒有得到賽馬場的販售許可……因此很快就停刊了。

1943年，巴菲特13歲時
哐啷
好
今天該送的報紙都送完了……
趕快趕去學校吧！
華倫！
我今天早上慢跑時有看到你……難道你在打工送報紙嗎？
是啊，每天早晚送。
你拚命喔！送報紙的工作很辛苦吧？
不會啊！
錢累積得愈來愈多是一件非常開心的事！我只要有空就會去打工。

一開始雖然錢不多，但現在我每週已經可以賺到175美元了。
175美元!?
這比我的薪水還多耶！
我還打算擴大送報的區域，並增加報紙的種類。
你這孩子還真特別……
嘿，巴菲特！你在做什麼啊？
我在看一個內布拉斯加州農場的廣告……
我在想，如果買下那塊土地能不能做點什麼生意……
又要做生意？你這個人真的很特別耶！
事實上，巴菲特真的買下那塊土地，還雇用農夫，展開農業相關的生意。
除此之外，他還做過洗車、賣郵票、高爾夫桿弟等各式各樣的工作……

1947年，巴菲特17歲時
嗯，這是個很棒的商品……
BARBER Shop
歡迎光臨！
喀啷
叩隆
您要理髮嗎？
不，這是我的名片……
我想把這個彈珠檯放在您的店裡……
在理髮店排隊等待的客人一定會很喜歡這東西的！
收入的話……只要跟您對半分就好。
！？
喔
如果只要把這東西放著就好的話……
後來，這個彈珠檯生意果然做得風生水起，最後巴菲特以1200美元的價格賣掉了這門生意。
在巴菲特高中畢業時，他的資金已增加到5000美元。

靠著「複利效應」在商場上累積第一桶金

6歲就做起賣口香糖與可樂的生意

巴菲特從小就對數字與紀錄極有興趣，他不僅記下世界各大城市的人口數，甚至連賽馬或棒球比賽的結果也都默記下來，讓周圍的人非常驚訝。受到經營雜貨店的祖父與擔任證券營業員的父親影響，他在6歲那年，就開始做起生意。

所謂的做生意，最初也不過就是挨家挨戶地敲門、兜售口香糖或可口可樂而已。比方說，他會在祖父的雜貨店買進一包3美分的口香糖，再用5美分轉賣出去，乍看之下是最簡單的買賣，卻也讓他確實地賺到2美分的利潤。他也用同樣的手法，以25

在巴菲特7歲的時候，他讀到一本名為《1000種賺進1000美元的方法》的書……

美分買進六瓶一組的可口可樂，再以每瓶5美分的價格賣出，這也讓他確實賺到5美分的利潤。

從商業書中學到複利效應

當時影響巴菲特最深的書，就是弗朗西斯・米納克（Frances Minaker）的《1000種賺進1000美元的方法》（*One Thousand Ways to Make $1000*）[2]。自從巴菲特在圖書館發現這本書後，他便如獲至寶般地愛不釋手。

這本書從貨幣的歷史介紹到具體的商業構想，其中最令他感興趣的內容，就是關於「花1美分就能使用的體重計」，也就是購入體重計，讓任何人都能用1美分的價格來使用，然後用從使用者身上收集來的錢，購入新的體重計，再將利潤投入到下一個體重計的購買上。如此一來，能夠賺取的利潤就會愈來愈大——這就是**將利潤再投**

2 繁體中文版書名為《複利的本質：【賺1000美元的1000種方法】啟蒙股神巴菲特致富心態的第一本書，讓人生持續複利的雪球式思考》，大牌出版，2023年。

入，以創造更多利潤的「複利效應」概念。

在巴菲特11歲的時候，他把那些在高爾夫球場上使用過的球拿去賣，還在足球比賽上販賣爆米花，這讓他存到了120美元——如果把這筆錢換算成現值，相當於2140美元之譜。

後來他嘗試做過許多生意，像是他16歲前做過郵票銷售、洗車服務等工作，但除了打工送報，其他工作都做不久。不過，他的彈珠檯生意卻做得有聲有色。

運用複利效應賺到5000美元

高中時期，巴菲特成立了威爾森彈珠機檯公司（Wilson's Coin-Operated Machine Company）。他用25美元買進中古的彈珠檯，將之設置在理髮店，讓排隊等待的顧客打發時間。

彈珠檯的營收雖然是與理髮店對分，但他並未將自己的利潤收進口袋裡，而是把這些錢拿去購買新的彈珠檯。如此一來，若加上原本舊的彈珠檯，他的利潤就會變得愈來愈多，這運用的就是他從《1000種賺進1000美元的方法》書中所學到的複利效應。

結果，這項計畫果然成功了，他的生意規模愈做愈大。後來這間公司在他高中畢業前，以1200美元賣給了某個退伍軍人。此時的巴菲特大約已擁有5000美元的存款，可說已小有成就。

把賺到的錢再投入本金，用複利效應錢滾錢！

如何實踐巴菲特雪球投資術？

複利效應的機制（年利率5%的情況）

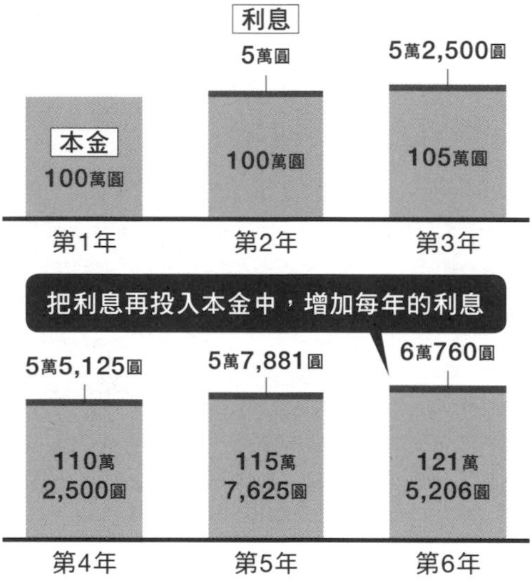
利息
本金
第1年 100萬圓
第2年 100萬圓 5萬圓
第3年 105萬圓 5萬2,500圓
把利息再投入本金中，增加每年的利息
第4年 110萬2,500圓 5萬5,125圓
第5年 115萬7,625圓 5萬7,881圓
第6年 121萬5,206圓 6萬760圓

能讓「本金＋利息」產生更多錢子錢孫的複利

14歲的巴菲特在經營彈珠檯生意時，心中念茲在茲的，就是他從書上讀到的「複利效應」。據說由於複利的效果實在太驚人，所以就連愛因斯坦都曾說「複利是人類最偉大的發明」。

一般我們在銀行存款或做投資

單利與複利的差異（年利率5%的情況）

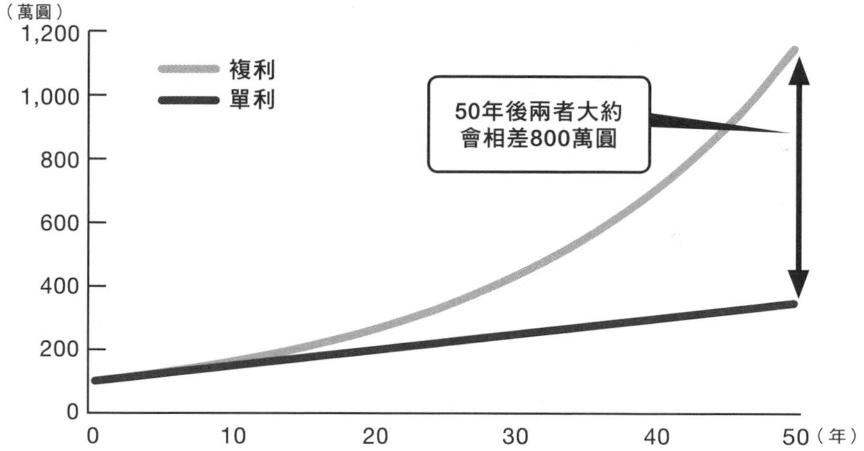
（萬圓）
1,200
1,000
800
600
400
200
0
0
10
20
30
40
50（年）
複利
單利
50年後兩者大約
會相差800萬圓

時，對於存入的本金，每半年或一年就會定期收到一次利息或配息。雖然利息多寡依各銀行而異，但我們可以透過以下的算式求得：

●利息＝本金×利率

舉例來說，如果本金是100萬圓，利率為5%的話，利息就是100萬圓×5%，也就是5萬圓。像這樣只對初始本金產生利息的，就稱為「單利」。

相對的，若把收到的利息再投入到本金中，對**「本金＋利息」**產生更多利息，則稱為「複利」。所謂的複利效果，就是將本金所產生的利息，投入到下一期的本金中，滾雪球式地讓下一期開始的利息，也隨著本金的增加而增加。

只要讓這個循環持續下去，五十年後，這筆錢就會成長約12倍

這種運用複利效果的方法，就能發揮出複利的威力。我們可以透過以下的算式，求得複利：

●第一次的利息＝本金×利率
●第二次的利息＝（本金＋第一次的利息）×利率
●第三次的利息＝（本金＋第一次的利息＋第二次的利息）×利率

舉例來說，如果本金是100萬圓，年利率為5％的話，100萬圓×5％等於5萬圓，這就是第一年的利息。

若將這筆5萬圓的利息再投入到下一期的本金中，下一年的利息就會是（100

萬圓＋5萬圓）×5％，等於5萬2500圓。然後第三年的利息就是（100萬圓＋5萬圓＋5萬圓）×5％，等於5萬5000圓。同樣的，第四年以後的利息也可以用（本金＋累積的利息）×5％計算出來。

愈早開始累積資產，複利的威力愈強

雖然乍看之下，這個金額似乎不大，**但只要持續進行下去，十年後，100萬圓的本金就會變成約163萬圓；五十年後，會變成約1147萬圓。**

相對於此，只運用「單利」的情況又會如何呢？如果不把當期產生的利息再投入本金，而是將它收到口袋裡的話，每一次的本金×利率只會產生5萬圓的利息而已，即使過了五十年，也只能累積約350萬圓。換句話說，複利運用的機制是用利息創造利息，滾出愈來愈多錢。

此外，即使採用複利的方式來累積資產，但是在5％的利率下，要把100萬圓的資產擴增至1000萬圓，也要花上將近五十年的時間。也就是說，**儘早開始才是徹底發揮複利效果的訣竅**。

像是股票買賣的收益（投資報酬），由於每次交易都不一樣，因此討論起來並沒有這麼單純，假設沒有任何獲利的話，別說是複利了，連單利也不會產生；不過，如果是以「股利」所創造的收益為目的的長期投資，只要長期持有股票即可獲得充分的複利效果，因為即便股價多多少少都會變動，但只要持續持有，利潤就會一直增加。

複利能創造驚人的投資成果

那麼，究竟該如何具體發揮複利的威力呢？其實一點也不困難，就是**在股票買賣有獲利時，把賺到的錢再投入到下次交易時的本金裡**。如果是長期持有股票所領到的股利，就把這筆錢拿去再投資；或者如果是運用投資信託（基金）的話，就應該預先選擇「不配息型」[3]，讓獲利滾入本金。

7歲就知道複利效應，並在日後深刻感受此一構想極其重要的巴菲特，從1965年開始經營波克夏公司時便加以實踐，且實現了驚人的成果，截至2015年為止，波克夏的累積報酬率高達274萬4062%——這比美國代表性的股價指數標普500在同一時期創下的1萬9784%，還高出了約140倍。

波克夏公司的股價走勢圖

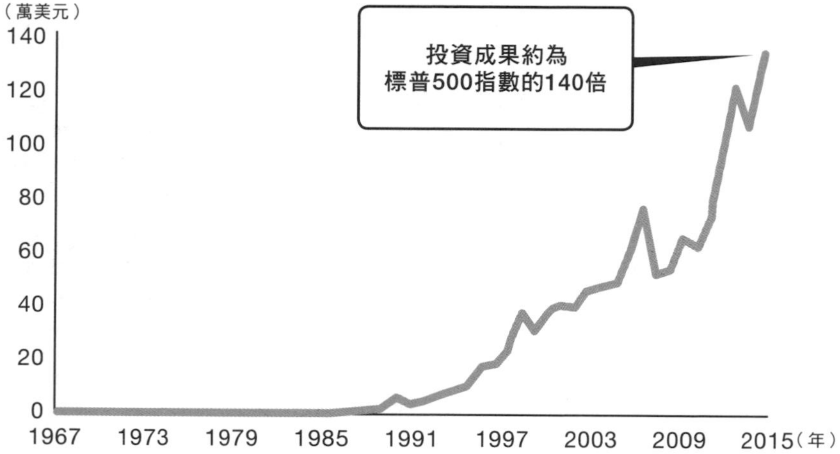

※以1964年消費者物價指數為100美元進行計算

出處：BUSINESS INSIDER

複利效應的概念，支持著巴菲特以「長期持有」為宗旨的投資觀。由於這也是一種資產運用的基本觀念，讀者只要把這個觀念牢記在心，相信就能更有效地增加資產。

POINT

- **把利潤再投資以增加更多利潤，即為複利效應。**
- **愈早開始起步，複利效應的威力愈大。**

3 不配息型：在結算日不發放配息，而是將之繼續滾入本金當中的基金類型。配息會在解約時一次支付給投資人。

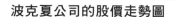

幼年期的重要場景❷
IMPORTANT SCENE

11歲時首次嘗試投資股票

受到父親影響而對股票產生興趣

年僅6歲就展露商業天賦的巴菲特，在父親的影響下，從小就對股票很有興趣。再加上10歲那年，他在紐約證交所遇見的莫爾，處處流露出的那種有錢人行徑，這也讓巴菲特非常地嚮往，他彷彿看見自己未來的目標。

每次到父親的辦公室，巴菲特就會翻閱那裡的股票或經濟相關書籍，不放過任何一本書。當父親在工作時，他還會在一旁興味盎然地盯著黑板，看著上面不斷更新的股價。

我聽說了喔！「城市服務」的股價是不是飆漲到202美元了？
那檔股票我早就賣掉了……唉！要是那時候沒有賣出的話，我應該可以賺到將近500美元價差的說……

要知道，當年的股價走勢圖，並不像今天可以透過網路隨時確認行情變動，當時的股價，得靠營業員一一在黑板上以手寫數字的方式來更新。巴菲特回到家後，還會自己繪製股價走勢圖，試圖找出隱藏在圖表中的特定模式。

11歲買進人生第一檔股票

巴菲特第一次出手投資，是在他11歲的時候。前文提到，他靠著販賣二手高爾夫球與爆米花等生意，已經累積了120美元的存款。**他把這筆錢當作本金，再說服姊姊桃莉絲加入，各自買進3股「城市服務」這間公司的股票。**

桃莉絲比巴菲特年長2歲，當時他們家受到經濟大蕭條的影響，不得不過著拮据的生活，而桃莉絲也是小巴菲特同甘共苦的夥伴。

不過，當時兩個人都是對投資毫無經驗的新手，連「城市服務」這間公司是做什麼的都一知半解，僅是因為觀察到父親多年來持續把它賣給客戶，巴菲特才判斷這檔股票應該很受歡迎。

巴菲特在38．25美元的價位買進「城市服務」，但隨著市況低迷，該公司的股價也持續走低，最低時一度跌到27美元，因此即便是巴菲特，也難掩內心的慌張，再加上姊姊每天早上都會向他抱怨幾句。

幸好，後來該公司的股價回升至40美元，巴菲特立刻賣掉手中的持股，他跟姊姊分別賺到5塊多美元的利潤。桃莉絲回顧這段往事時表示：「那個時候我才知道弟弟是有兩把刷子的。」

錯失龐大利潤後學到的教訓

令人扼腕的是，「城市服務」的股價在漲到40美元之後，竟然還無止境似地繼續飆漲，最後漲到了202美元。如果巴菲特當時沒有急著獲利了結的話，應該能夠賺到500美元（換算成現值約為9000美元）的價差才對。

多年之後的巴菲特說，這件事是他「人生中最重要的事件之一」，因為透過那個**首次投資的經驗，他得到了「3個教訓」，而這3個教訓是他一直到成為億萬富翁的今日，依然貫徹的原則。**

這3個教訓是什麼呢？請見次頁的詳細說明。

年僅11歲，就已存到120美元的小巴菲特。
11歲的巴菲特
在父親與莫爾的影響下，他一直在等待買進股票的時機。

避免投資失敗的3個教訓

巴菲特在11歲時就初次接觸股票投資，他用38．25美元買進股票後，在股價漲到40美元的階段時獲利出場，但沒想到後來那檔股票繼續飆漲至202美元。

如果當時沒有急著賣掉的話，巴菲特理應能賺到更多利潤。從這次的經驗中，他得到以下3個教訓。

1. 不要執著於買進時的股價

首先第一個教訓，就是不要執著於買進時的股價。

假設你用1000圓買進的股票跌到900圓好了，當下因為已經出現100圓的帳面損失，所以應該要趕緊賣出來避免損失擴大嗎？還是要思考「現在賣掉的話就

巴菲特第一次投資股票

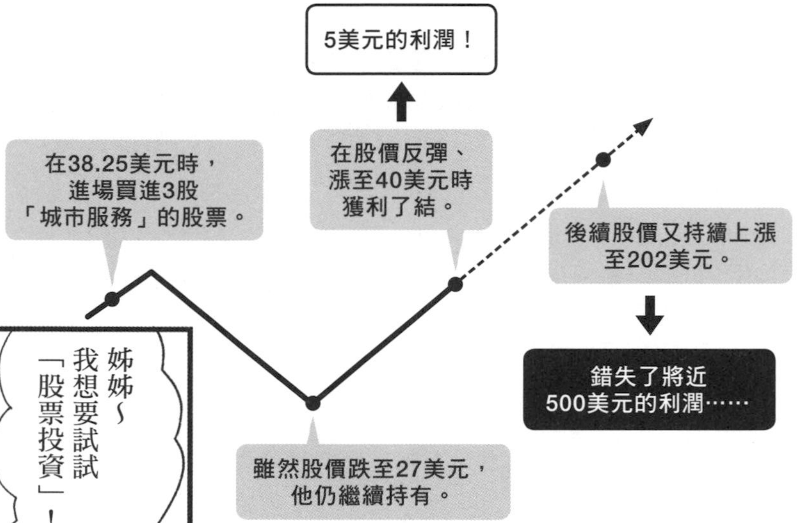
5美元的利潤！
在38.25美元時，進場買進3股「城市服務」的股票。
在股價反彈、漲至40美元時獲利了結。
後續股價又持續上漲至202美元。
錯失了將近500美元的利潤……
雖然股價跌至27美元，他仍繼續持有。

姊姊～我想要試試「股票投資」！

等於實現損失」，所以應該要抱著不賣呢？

如果太在意買進時的股價，見到股價稍有下跌就急著賣出的話，萬一股價之後又漲回來，那就會白白損失一筆錢；反之，如果「預期股價還是會繼續下跌」的話，就要儘早停損來規避風險，以免造成更嚴重的損失。

換句話說，**如果執著於買進時的股價，你將會失去以長遠眼光來判斷的能力，導致交易變得情緒化又視野狹隘。**股票本來就有漲有跌，投資人的心態也要懂得遵循長期策略，不該為了一時的股價起伏而患得患失。

巴菲特從股市中學到的3個教訓

1 不要執著於買進時的股價

▶ 如果執著於買進時的價格，很容易在股價稍微修正時被洗出市場。

2 不要短視近利

▶ 如果股價稍微上漲就想獲利了結的話，可能會因此錯失龐大的利潤。

3 不要用別人的錢投資

▶ 操作別人的錢比操作自己的錢要困難許多，且更難做出理性的判斷，因此能免則免。

巴菲特後來買進的「華盛頓郵報」，股價也曾一度下跌25％，但因為他不離不棄地長期持有，才會在十二年後翻漲到他最初投資金額的20倍之譜。

2. 不要短視近利

第二個教訓是，不要因為短視近利而錯失龐大的利潤。

例如用1000圓買進的股票，若在漲至1100圓就賣掉的話，之後它也有可能漲到2000圓吧？如果像這樣因為眼前的蠅頭小利就急著賣掉持股的話，就有可能會失去原本

巴菲特推薦採用「現股交易」

○ 現股交易

用自己帳戶裡的資金進行股票交易的方式。沒有特定必須在指定日期前賣出等限制，可以自由交易。

✕ 信用交易

向券商借錢買股票的交易方式。有包括必須在特定期限內賣出持股或還款等限制。

如果是使用別人的資金去買賣股票，將會難以保持冷靜的心理狀態，因此投資時務必要使用自己的資金。

應該能賺到的龐大利潤。

當你買進股票時，一定要有一個目標價格，這樣即便１０００圓的股票漲到１１００圓，若預估最後它會漲到２０００圓的話，你就能這樣思考：「這檔股票應該還會再上漲才對，所以先放著別賣吧。」相反的，如果只想著「有賺就好」，而沒有設定目標價的話，你很容易因為股價稍有一點風吹草動就賣出持股。

3. 不要用別人的錢投資

至於第三個教訓是，除非你有十足的把握會賺錢，否則不要使用他人的資金買賣股票。

原因在於，如果你用的是自己的錢，即便股價下跌，你也可以很慎重地做出「等待」的判斷。但如果你用的是別人的資金，必須為此負起責任的話，你可就沒辦法這麼理性了。

在這種心理狀態下，有可能只是出現一點點損失，你就得看出資者的臉色行事，期待股價能趕快漲回來以彌補損失，甚至盲目賣出持股等。像這樣，比起用自己的錢買賣股票，用別人的錢投資，難度會更高。

從這個教訓中也可以發現，**比起貸款或使用信用（融資）交易，巴菲特更推薦採用現股交易**。雖然用大筆資金買賣股票，如果成功的話會賺進一大筆錢，但失敗時的損失也會更大。況且借錢投資或信用交易使用的不是自己的錢，因此心理上的難度會更高。

相對的，現股交易則是用自己存在帳戶裡的錢來交易，因此是自己對自己負責，而且也可以相對較安全地使用資金。

敗因（勝因）的分析方式

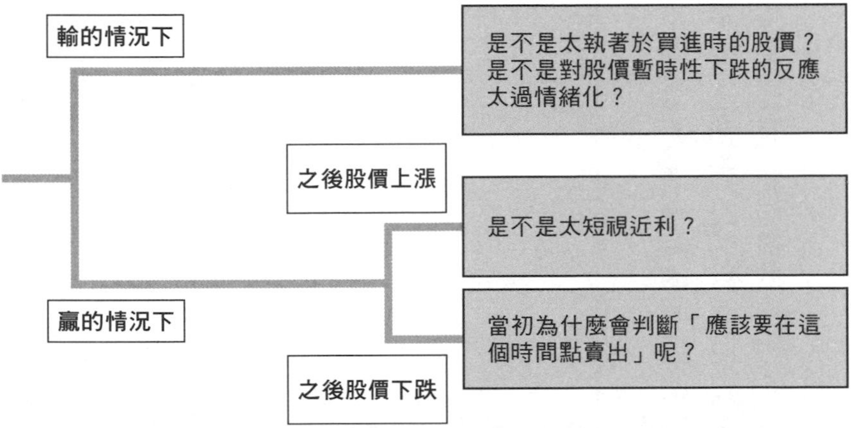
輸的情況下
之後股價上漲
是不是太執著於買進時的股價？是不是對股價暫時性下跌的反應太過情緒化？
贏的情況下
之後股價下跌
是不是太短視近利？
當初為什麼會判斷「應該要在這個時間點賣出」呢？

無論有沒有獲利，都要分析其中的原因並將之活用在下一次的交易上。

學會分析勝負的原因

巴菲特是從自己失敗的經驗中學到上述教訓，而且直到他93歲的今天，依然奉行不悖。換句話說，重要的是在自己遭遇失敗時，懂得去分析失敗的原因。

例如，在股價一時下跌就賣掉持股的情況下，就要反省自己是不是太過執著於買進時的股價。

反之，即使是勝利的時候，也就是有獲利的情況下，檢討回顧也是很重要的。如果賣出持股後股價依然漲不停的話，就該反省自己是否太過短視近利，或者賣出持股後股價隨即拉回，也要重新問問自己，當時為什麼會判斷這裡就是出場的時機。

如果這次股價上漲只是碰巧的話，下次說不定就會下跌。不過，**只要明確知道自己當初為什麼會買進那檔股票，就能夠減少失敗的次數**。像這樣分析勝負的理由，並活用在下一次的交易上是很重要的。

POINT

- 不要為了股價一時的起伏而患得患失。
- 不要在達到預設的目標價格前賣出持股。
- 交易後要分析勝負的理由。

PART

2

青年期

遇見恩師葛拉漢與實踐「菸屁股理論」

巴菲特的**格言**

Buffett's words

「即使現在我76歲了，但我仍持續實踐我19歲時在書中讀到的概念。」

——2007年，波克夏股東大會

青年期

1949-1959

對葛拉漢的「定量分析」深感佩服

由巴菲特擔任董事長的波克夏公司股東大會，每年都吸引約4萬名不分男女老幼的投資人參加，其受歡迎的盛況不言而喻。而本章的標題，就是他在2007年的股東大會上對一位17歲的年輕投資人說的話。

接著，巴菲特又進一步建議：「盡可能地大量閱讀，花時間鑑別出那些真正有價值的東西。」

巴菲特自己年輕的時候，也在故鄉奧馬哈的圖書館，讀遍了所有與投資有關的書，並從中獲得許多知識。其中，他在19歲那年讀到的一本書，更建立了他日後思考投資這件事的框架，**那本書就是班傑明．葛拉漢的《智慧型股票投資人》**。

那本書淺顯易懂地介紹了葛拉漢的投資觀，以及他所強調的「定量分析法」，甫出版就立刻成為暢銷書，被譽為投資者必讀的聖經。

巴菲特對葛拉漢的定量分析法深感佩服。多年後他回憶說：「能遇見那本書，是我人生中最幸運的瞬間之一。」他受葛拉漢的影響程度之深，從他把葛拉漢列為「繼父親之後，影響我最深的人」就可見一斑。

拜入葛拉漢門下學習投資

巴菲特不僅是讀過葛拉漢的著作而已，他還曾直接受教於葛拉漢。20歲那年，他進入葛拉漢任教的哥倫比亞大學商學院就讀。他在那裡學習投資、會計學等眾多科目，更重要的是，**他在葛拉漢的課堂上，學到證券分析的方法，以及如何迴避風險等重要觀念**。

此外，對巴菲特來說，葛拉漢也是一位很好的工作夥伴。巴菲特24歲時，他在葛拉漢的邀請下，進入證券公司葛拉漢．紐曼（Graham-Newman Corporation）工作。後來因為葛拉漢宣布退休，他也順勢離職，而在葛拉漢底下工作的兩年期間，他每天都在做證券分析。

後來，巴菲特在故鄉奧馬哈成立投資合夥[1]事業，名為巴菲特聯合有限公司（Buffett Associates, Ltd.）。此時的巴菲特年僅26歲，年紀輕輕就屢屢創造優異的投資成果，而他最為重視的，就是從《智慧型股票投資人》中學到的知識，以及葛拉漢傳授給他的觀念。

在跟葛拉漢一起共事時，他們也曾為了投資方針的歧見而產生摩擦，但毫無疑問的是，**巴菲特在形塑自己的投資技術時，肯定還是受到葛拉漢很深的影響**。

在這段向葛拉漢學習投資並付諸實踐的青年期，他也結識了後來共同經營波克夏，並成為一輩子事業夥伴的摯友查理．蒙格。

總結來說，巴菲特在19歲時接觸到的觀念，成為他日後的投資原則，並在接下來的五十七年間，貫徹以此為出發點的投資術，若說巴菲特傳奇的一生是塑形於他的青年期，一點也不為過。

1 合夥：兩人以上共同經營事業的事業體，出資者稱為合夥人。

巴菲特19歲的某一天
厲害啊，太厲害了……！
智慧型股票投資人
這本書真是太有意思了……
那個……
定量分析啊，好厲害的概念！
作者是班傑明．葛拉漢啊……
智慧型股票投資人
班傑明．葛拉漢
不好意思，閉館的時間到了……
啊，抱歉抱歉！
猛然起身
他是哥倫比亞大學的老師是嗎！
謝謝！
那我就選這家商學院※吧！

※企業管理研究所

順利錄取
哥倫比亞大學
商學院的巴菲特——
趁著上課的機會，調查了許多跟葛拉漢有關的事，結果得知他是蓋可（GEICO）這家保險公司的董事長。
這裡就是蓋可嗎？我這樣子不請自來……
不知道他會不會放我這個學生進去呢？
不好意思！
叩叩 叩叩
無人回應…
有人在嗎？
咚咚咚
…
抱歉……
呃
你是哪位？
喀啦

我是蓋可的副總經理戴維森，這是我的名片。
你好！
我是哥倫比亞大學的學生，開始要上葛拉漢教授的課。
我有件事情想親自來貴公司請教……
……
你——對我們公司有興趣嗎？
兩人的對談從巴菲特臨時造訪而展開——
那一天，他們整整聊了4個小時。
蓋可太厲害了……！
這家公司還有尚未浮現出來的「價值」！
而這個價值，值得我賭上自己的財產……！
後來，巴菲特如願上了葛拉漢所講授的課程——
在所有的學生中，他是唯一獲得A+成績的人。
然後，巴菲特把自己三分之二的財產，都拿來投資蓋可公司。

喂！你畢業之後想去哪裡工作啊？
第一志願當然是美國鋼鐵公司囉！
說的也是……
頭也不回
喂？葛拉漢教授！我是您的學生巴菲特……
您給我A+的分數，我感到非常榮幸……
謝謝教授！
我有個不情之請……
不知道能不能——讓我在您底下工作呢？
我很高興你毛遂自薦，不過現在情況有點困難……
因為我想盡量為更多的猶太同胞創造就業機會。
※當時美國的金融界相當排斥猶太人，這使得同為猶太人出身的葛拉漢，想在自己的公司為猶太人安排工作機會。
我明白了……
對自己遭到拒絕感到很遺憾的巴菲特，大學畢業後便返回奧馬哈，到父親的證券公司上班。

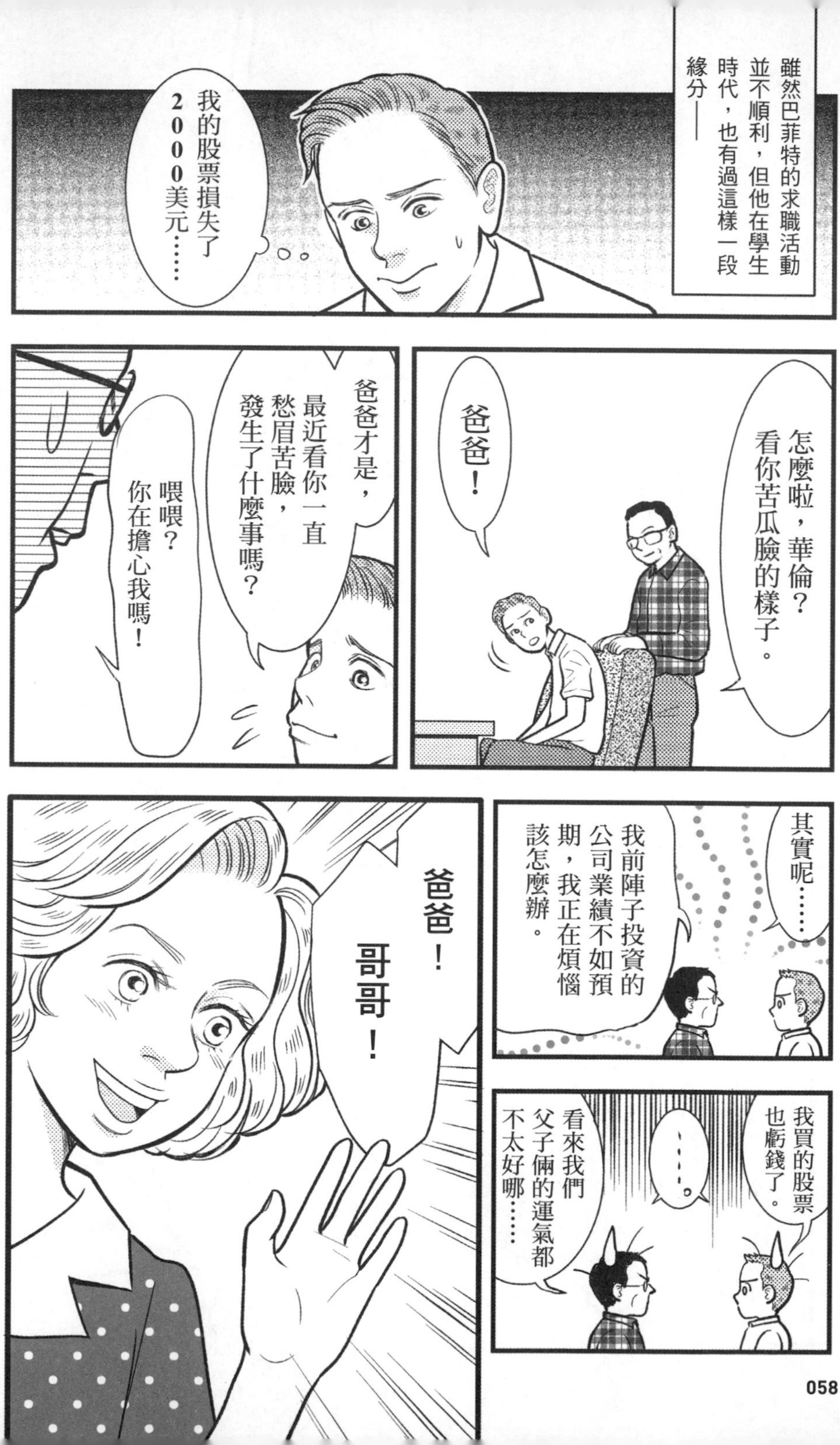
雖然巴菲特的求職活動並不順利，但他在學生時代，也有過這樣一段緣分——
我的股票損失了20000美元……
怎麼啦，華倫？看你苦瓜臉的樣子。
爸爸！
爸爸才是，最近看你一直愁眉苦臉，發生了什麼事嗎？
喂喂？你在擔心我嗎！
其實呢……
我前陣子投資的公司業績不如預期，我正在煩惱該怎麼辦。
我買的股票也虧錢了。
……
看來我們父子倆的運氣都不太好哪……
爸爸！
哥哥！

我回來了！
原來你們在這裡啊，我難得回家一趟耶……
羅貝塔！
妹妹．羅貝塔（Roberta Buffett）
好久不見！妳回來啦……
嗯，這是我朋友
今天可以一起吃頓飯再走吧？
你們好！
她是我的朋友蘇珊，我們住同一間宿舍。
妳、妳好！
請多指教！
巴菲特第一次與蘇珊見面，就深深被她吸引。

我聽我爸爸說過唷，他說你的頭腦非常好。
咦？
我的全名是蘇珊·湯普森。
蘇珊·湯普森……
我爸爸是奧馬哈大學的院長。
！
呃，該不會是那位湯普森吧！
妳是那位知名教授湯普森的女兒嗎!?
我還記得湯普森教授的智力測驗喔！
威廉·湯普森（William Thompson）
奧馬哈大學的院長
奧馬哈名人，負責監督奧馬哈所有學生的測驗。
後來——與蘇珊情投意合的巴菲特，
畢業後回到奧馬哈，並在隔年1952年的春天，在眾人祝福下與蘇珊共結連理。

剛結婚時，他們過著質樸的生活，還生了三個孩子……
在巴菲特成為資產家以後，儘管生活不算奢華，但也算得上富裕人家。
後來，經過一番曲折，在巴菲特47歲那年，
他與蘇珊決定分居，不過彼此依然會互相通信，維持著親密友好的關係。
POST

1954年——
嘟嚕嚕嚕嚕。。。
來了來了，這就來了！
是工作上的電話嗎？
嘟嚕嚕嚕嚕
嘟嚕嚕嚕嚕
嘟嚕嚕嚕嚕
喂？
哈囉，你還記得我嗎？我是葛拉漢！
葛拉漢先生！好久不見！
其實是這樣的，我想跟你商量……
如果你還有意願的話，我想邀請你來我的證券公司工作。
怎麼樣呢？
真的嗎!?

我樂意之至！請雇用我吧！
好！你能加入我們公司真是太好了。
不過，上班的地點是在紐約喔……
我知道了！
我這就開始準備搬家！
終於……
我終於可以在葛拉漢先生的底下做事了……！
接下來……請多多指教！

我認為這間公司日後肯定會有所成長！
我有個案子想跟你商量……
嗯……我想這個部分，還是再觀望一下比較好。
進入葛拉漢．紐曼工作的巴菲特，表現得相當亮眼，一年就創造出約1萬8000美元※的獲利。

※約相當於現在的1,200萬日圓。

雖然他與葛拉漢也曾針對公司方針頻起衝突……
但在葛拉漢．紐曼工作，對巴菲特來說是非常有價值的經驗。

1956年
各位同仁……
這段日子謝謝你們！
葛拉漢卸下證券公司的職務退休。
您辛苦了，我們會很想念您的！
啪啪
啪啪
啪啪
真的很感激您這段日子的照顧！
葛拉漢先生走了……那我待在這個地方
也沒意義了！
回去奧馬哈吧！
巴菲特於是辭掉證券公司的工作，重返故鄉奧馬哈。

回到奧馬哈的巴菲特，成立了自己的投資合夥事業——巴菲特聯合有限公司。
嗯，這間公司的財務很乾淨……
看起來也深受客戶信賴啊！
看了一大堆資料，好像有點累了……
嗯～～
來喝杯咖啡好了！
叩叩叩叩
華倫！我剛好經過這附近就來看看你了……
好久不見！
早年的舊識

聽說你成立了一間投資合夥公司？
對啊，所以我每天都過得很充實……
但要經營一家投資公司，應該困難重重吧……
不是也有人會說什麼「投資是詐騙」嗎？
哈哈！的確也有這種態度強硬的人。
不過——那全都是誤解喔。
我真心熱愛投資，與其說是因為我「想成為有錢人」……
不如說是因為投資讓我感到
很快樂！

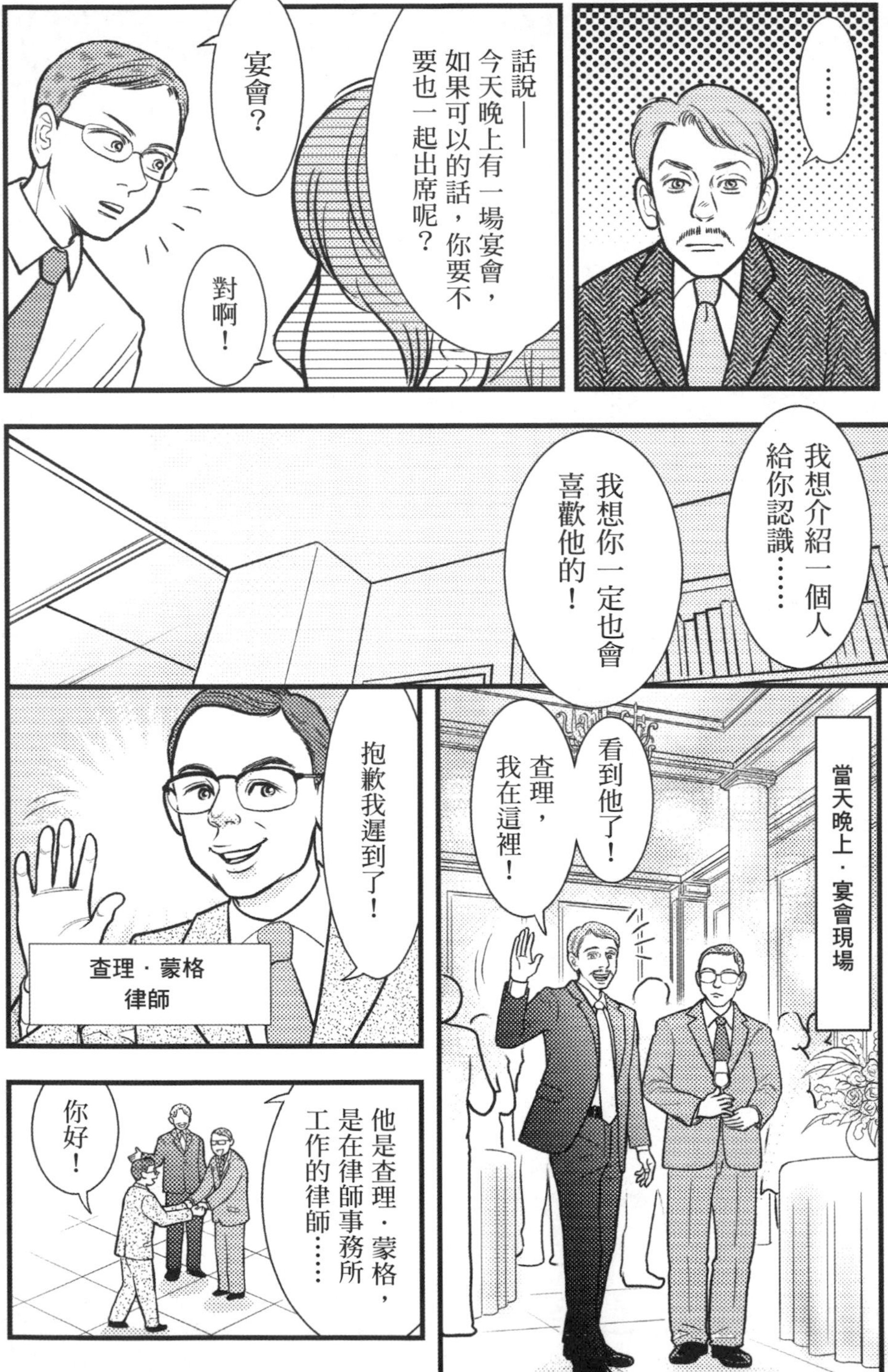
……
話說——今天晚上有一場宴會，如果可以的話，你要不要也一起出席呢？
宴會？
對啊！
我想介紹一個人給你認識……
我想你一定也會喜歡他的！
當天晚上・宴會現場
看到他了！
查理，我在這裡！
抱歉我遲到了！
查理・蒙格
律師
他是查理・蒙格，是在律師事務所工作的律師……
你好！

蒙格是一個非常聰明的人，跟他聊天時總是能滿足巴菲特的求知欲。
兩個很快就熟稔了起來，甚至互稱對方為「好友」。
嘿！查理，如果你願意的話，要不要跟我合作呢？
聽起來很有趣耶！
跟你合作的話，感覺可以幹出一番事業。
於是——這兩個人在事業上成為彼此的好夥伴，
也成為傳聞中「世界第一的投資人」與在一旁支持他的「得力助手」二人組。

向葛拉漢學習「何謂價值」

認識「價值投資之父」葛拉漢

被巴菲特視為導師的班傑明・葛拉漢是一位美國投資人，1894年出生於倫敦，由於出身猶太家庭，因此原來的姓氏為葛洛斯包姆（Grossbaum），後來在1歲搬遷到紐約時改姓。

葛拉漢同樣就讀於哥倫比亞大學，畢業後在證券公司工作。1926年他成立了自己的投資公司葛拉漢・紐曼，但由於受到經濟大蕭條的影響，公司遭受打擊，因此他開始研究更安全的投資方式。

自1928年起，葛拉漢開始在哥倫比亞大學執教，並與同為投資人的同事大衛·陶德（David Dodd）共同撰寫《證券分析》一書，深獲投資人好評。該著作是陶德根據葛拉漢的授課內容彙總成冊，而《智慧型股票投資人》則經過進一步的編寫，改成適合一般大眾閱讀的簡易版本。

葛拉漢的投資法是**一方面能確保本金的安全性，一方面又能獲得合理收益的「價值投資」**，也叫做「菸屁股理論」[2]，透過6大項目構成的「定量分析」來解讀公司的財務報表，並強調掌握公司「內在價值」的重要性（請見第74頁）。

沒考上哈佛商學院的巴菲特

巴菲特在1950年從內布拉斯加大學畢業後，便進入哥倫比亞大學商學院，師事葛拉漢，但他最初想去的學校其實是哈佛大學商學院。

2 菸屁股理論：意指「掉在地上的菸屁股還可以再吸上一口」，比喻用低廉價格買進股票，再以高價賣出的價值投資法。

當時的哈佛是全美數一數二的名門，除了歷任美國總統，還有約翰・阿斯特（John Astor）、洛克斐勒（David Rockefeller）等實業家也都來自哈佛。在哈佛商學院求學，對於曾高聲宣告「要在30歲之前成為百萬富翁」的巴菲特來說，是距離那個夢想最近的一條路。

不過，最後他卻名落孫山。哈佛商學院想要的人才，是能夠成為未來領袖的人物，顯然當時負責面試巴菲特的主考官，並不認為他符合這樣的條件。

視葛拉漢為一生的恩師

被哈佛大學商學院拒絕後，巴菲特必須另尋出路才行。就在這個時候，他無意間翻到哥倫比亞大學的宣傳手冊。

他驚訝地發現，上頭印著葛拉漢與陶德的名字。尤其葛拉漢是他經由書本認識、景仰為神一般的人物，他從未想到這號人物至今依然在大學任教。

此時，巴菲特腦中不再有別的念頭，而是一心想拜入葛拉漢的門下學習，但當他意識到這件事情時，已經是接近開學的八月份，因此他便寫信給當時擔任哥大商學院副院長的陶德表明心願。

幸運的是，哥倫比亞大學商學院不需要面試，只要書面審查即可，因此巴菲特順利被錄取了。在學期間，他在葛拉漢與陶德的指導下學習，其中，**葛拉漢的課，更被巴菲特譽為「就像是在跟打擊率四成的棒球選手學習揮棒」**一樣，徹底改變了他的人生。

如何實踐巴菲特雪球投資術？

評估公司「內在價值」，買進那些被市場低估的股票

買低賣高的「價值投資法」

巴菲特向恩師葛拉漢學習的投資方法，以「價值投資」的名稱廣為人知。所謂的價值投資，就是買進股價被低估的股票，再將之以高價賣出的方法。許多商業買賣都基於這樣的原則，而投資也不例外。

不過，即使用便宜的價格買進

價值投資的7個選股標準

項目	確認事項
①事業規模是否適當？	避開小型股。
②財務狀況是否健全？	流動資產是流動負債的2倍以上且長期負債不超過淨流動資產。
③獲利是否穩定？	至少連續10年沒有虧損。
④有沒有分配股利？	連續20年配息。
⑤收益是否具有成長性？	在過去10年間，最近3年的每股盈餘比最初3年成長33%以上。
⑥本益比是否適當？	本益比在15倍以下。
⑦股價淨值比是否適當？	股價淨值比在1.5倍以下。

股票，如果公司本身業績不好的話，股價也有可能會繼續下跌。為了避免發生這樣的事，葛拉漢非常強調透過詳細的財務分析，做出股價便宜與否等判斷，也就是掌握公司「**內在價值**」的重要性。

根據葛拉漢的說法，企業的內在價值可以用「定量分析」來做判斷，包括「收益性」、「穩定性」、「收益成長率」、「財務狀況」、「股利」，以及「歷史走勢圖」等6個分析項目，而定量分析又可進一步歸納出以下7個更具體且具實踐性的標準。

葛拉漢的7個選股標準

①公司的「事業規模」是否適當？

盡量排除小型股，即市值總額或流動性低的股票。這些股票的價格鮮少變動，但有時會因為某些因素導致交易量暴增，投資人會因此面臨股價大幅波動的風險。

②公司的「財務狀況」是否健全？

以製造業為例，公司的「流動資產」（可在一年內變現的資產）必須至少是「流動負債」（必須在一年內償還的債務）的2倍以上。此外，從明年起必須支付的「長

③從財報檢視公司獲利的穩定性

第一部　【企業資訊】

第1　【企業概況】

1【主要經營指標的變化】
（1）合併經營指標

期間		2016年3月期	2017年3月期	2018年3月期	2019年3月期	2020年3月期
營收	（百萬圓）	28,403,118	27,597,193	29,379,510	30,225,681	29,929,992
稅前淨利	（百萬圓）	2,983,381	2,193,825	2,620,429	2,285,465	2,554,607
歸屬於母公司業主之本期淨利	（百萬圓）	2,312,694	1,831,109	2,493,983	1,882,873	2,076,183
綜合損益	（百萬圓）	1,517,486	1,966,650	2,393,256	1,936,602	1,866,642
淨資產	（百萬圓）	18,088,186	18,668,953	19,922,076	20,565,210	21,241,851
總資產	（百萬圓）	47,427,597	48,750,186	50,308,249	51,936,949	52,680,436
每股淨值	（圓）	5,513.08	5,887.88	6,438.65	6,830.92	7,252.17
歸屬於普通股股東的基本每股盈餘	（圓）	741.36	605.47	842.00	650.55	735.61
歸屬於普通股股東的稀釋每股盈餘	（圓）	735.36	599.22	832.78	645.11	729.50

巴菲特最重視的本期損益可以從「歸屬於母公司業主之本期淨利」這個項目進行確認。

除此之外，也可以從企業的結算快報，或「日本Yahoo財經」、「大家的股票」（みんなの株式）等平台進行確認。

出處：日本豐田汽車《有價證券報告書》（2020年3月）

期負債」，不能超過「流動資產」減去所有負債後的「淨流動資產」。

③公司的「獲利」是否穩定？

必須連續十年沒有出現虧損。巴菲特最重視的就是公司獲利的穩定性，但相較於葛拉漢是根據公司營收來判斷，巴菲特則是根據當期財報淨利的穩定性來評估。

④公司有沒有分配「股利」？

必須連續二十年有分配股利。只要有分配股利，某種程度上就能判斷一間公司在經營上是順利的。

⑤公司的「收益」是否具有成長性？

在過去十年間，最近三年的「每

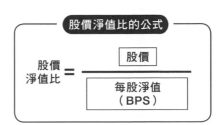

⑥⑦判斷股價便宜或昂貴的「本益比」與「股價淨值比」

本益比的公式

$$本益比 = \frac{股價}{每股盈餘（EPS）}$$

股價淨值比的公式

$$股價淨值比 = \frac{股價}{每股淨值（BPS）}$$

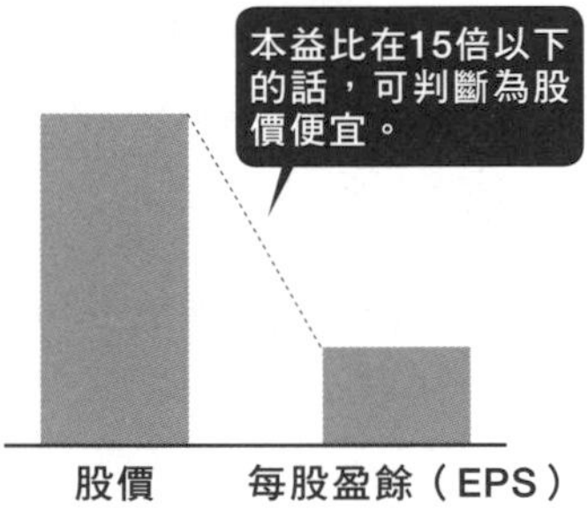
本益比在15倍以下的話，可判斷為股價便宜。
股價
每股盈餘（EPS）

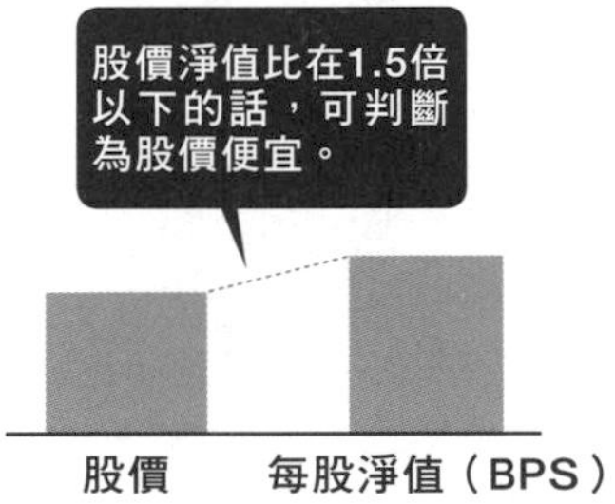
股價淨值比在1.5倍以下的話，可判斷為股價便宜。
股價
每股淨值（BPS）

股盈餘」（EPS）必須比最初三年成長至少33%以上。

⑥公司的「本益比」是否適當？

「本益比」（PE）必須在15倍以下。所謂的本益比，就是用「獲利」來判斷股價是便宜或昂貴的指標，一般來說，本益比愈低，股價愈便宜，但還必須與市場平均或與同業比較之下來進行判斷。本益比可由「股價」除以「每股盈餘」求得。

若公司本期淨利為1000萬圓，已發行股數為10萬股的話，將1000萬圓除以10萬股，即可算出每股盈餘為100圓。假設現在的股價是300圓的話，本益比就是300圓除以100圓，等於3倍。如果其他同業的平均本益比為10倍的話，就可以判斷它的股價很便宜。

⑦公司的「股價淨值比」是否適當？

「股價淨值比」（PBR）必須在1．5倍以下，本益比與股價淨值比相乘的數值，不得超過22．5。所謂的股價淨值比，就是用「淨值」來判斷股價是便宜或昂貴的指標，表示股價是「每股淨值」（BPS）的多少倍。

若淨值為3000萬圓，已發行股數為10萬股的話，每股淨值就是3000萬圓除以10萬股，等於300圓。假設現在的股價是200圓的話，股價淨值比就是200圓除以300圓，等於0．6倍，進而就能判斷出股價是相對便宜的。

還需考量那些無法用數字量化的因素

實際按照上述這套標準進行判斷時，保留到最後的候選公司，就是值得投資的標的，因為這表示該公司的「內在價值」很高，但股價卻處於相對便宜的狀態，而這種股票又稱為「價值股」，受到葛拉漢的高度評價。

不過根據巴菲特的說法，這套標準並不是能夠百分之百信賴的標準。因為葛拉漢的理論，只能從財務或業績上所呈現出來的面向，來評估一間公司而已。

儘管如此，藉由關注公司是否有虧損、有配息來評估其穩定性，或者用本益比、股價淨值比來判斷它是否屬於價值股，還是極其重要。

雖然巴菲特的投資術在他後來認識「費雪理論」（請見134頁）後有進一步的改變，但認清公司內在價值的葛拉漢式投資風格，仍然被實踐在他往後的投資當中。

POINT

- 用「本期淨利」評估一間公司的穩定性。
- 用「本益比」及「股價淨值比」來判斷股價是便宜或昂貴。
- 採納部分理論進行判斷，而不是照單全收。

學生時期的巴菲特就知道會計學的重要性

想創業當老闆，就一定要懂會計學

巴菲特在就讀哥倫比亞商學院期間，主要學的是經濟學與投資，但其中特別有意義的，其實是會計學的課程，尤其是雷伊・戴恩（Ray Dein）這名教授的教學，更是讓他茅塞頓開。根據戴恩的說法，學習會計學「可以讓人從一張名為財務報表的紙上，獲得許多對事業有幫助的資訊」。相對的，不懂會計學的人，就很可能會錯失那些關鍵的資訊與機會。

從商學院畢業之後，巴菲特無論是在父親的證券公司，或是在葛拉漢・紐曼工作的期間，都充分活用了學生時期所學的會計學知識。在往後的日子裡，每當巴菲特被問到「該在商學院學些什麼」、「如果沒讀商學院的話，在創業前該知道些什麼」的問題時，他都會率先回答：「會計學！」

會計學是商業的共通語言

如果照巴菲特的話來說，會計學就像是「商業的共通語言」。沒學過會計學就想創業，就好比要前往一個語言不通的國家創業一樣，巴菲特強調：「那樣是不可能會成功的！」

舉例來說，巴菲特在2003年，透過他執掌的波克夏公司，以17億美元收購了移動房屋製造商「克萊頓住宅公司」（Clayton Homes）[3]。只不過，當時他只靠著電話溝通就決定收購，一次也沒有到該公司去實際視察。

3 克萊頓住宅公司：總部設於美國田納西州的房屋建商。正如其廣告台詞「可以住好幾個世代的住宅」所述，該公司的產品具有優越的強度與耐久度。

巴菲特之所以敢這麼做，就是因為他已在事前充分檢視過該公司的財務報表。學習會計學不僅能夠培養解讀數字的能力，就連公司經營者的經營方針都能從中解讀出來。也正因如此，才有可能光靠一張紙，就做出動用17億美元現金的決策。假如他沒學過會計學的話，或許根本不可能會收購那間公司。

無論你是投資人或經營者，會計學都很重要

當然，如果只學過一點會計學的皮毛，也不可能將它活用在事業上。就像要把外語學到有如自己母語般的水準需要很長的時間一樣，要把會計學化為實用的知識，也需要很長的時間。如果小看會計學，不肯努力學習解讀財務報表的話，恐怕就連如何選股都有困難。

在巴菲特不時會去造訪的企業中，有些公司的執行長連會計學都不懂。那些人如果沒有顧問或投資銀行的建議，除了在經營上無法盡如人意，據說連臉上都能看出一種「虛張聲勢」的表情。不過，以巴菲特為首的波克夏經營團隊卻截然不同，因為他們各個精通會計學，所以在進行投資判斷或決策方針等事情上，足以肩負重責大任。

據說，其中又以巴菲特最為擅長抓出竄改數字等財報上的矛盾之處。在巴菲特2002年寫給股東的信上，他將這種財報上的矛盾之處比喻為「蟑螂」，他寫道：

「廚房中不可能只有一隻蟑螂！」

如何實踐巴菲特雪球投資術？

選股前先學會用會計學解讀公司財報

踏出理解會計學的第一步

雖然「會計」兩字聽起來很難，但實際上只要懂得運用數學的加法與減法，就能學會它，也能進一步看懂公司的財務報表，對於選股大有助益。

所謂的財務報表，即由企業編製公布的財務內容相關文件，**大致上分成「損益表」、「資產負債表」與「現金流量表」三種**。如果是上市公司的話，這些資訊會揭露在每個財報公布日或事業年度編製的「結算快報」及「有價證券報告書」上，建議投資人最好要詳細閱讀（皆可從公司網站取得）。

但對不想花太多時間的人來說，那麼已幫投資人統整出必要資訊的「日本Yahoo

損益表的閱讀方式（以三菱商事為例）

〈三菱商事（8058）〉　（單位：百萬圓／每股盈餘為圓）

期間	2019年度	2018年度	2017年度
營業收入	14,779,734	16,103,763	7,567,394
營業利益	366,299	584,728	474,389
本期損益	535,353	590,737	560,173
EPS	348.50	372.39	353.27

出處：日本Yahoo財經

營業利益率
反映競爭優勢的指標。與其他競爭企業相比，這個數字愈高愈好。

公式

$$\frac{\text{營業利益}}{\text{營業收入}} \times 100\%$$

本期損益
公司全年賺到的獲利，與前2期或前3期相比，最好要呈增加的趨勢。

每股盈餘（EPS）
與前2期或前3期相比，最好要呈增加趨勢或穩定持平。

財經」或「大家的股票」等平台亦是很方便的選擇。在此，我就使用後面兩者所提供的公開資訊來說明閱讀財務報表的方法。（編按：台灣投資人亦可利用證交所揭露上市櫃公司的「公開資訊觀測站」，上網查詢相關資訊。）

記錄公司最終獲利的「損益表」

首先，損益表呈現的是公司「營收」減去「支出」之後的「最終獲利」。從「營收」加上或扣除各種收入與費用以後，「歸屬於母公司業主之本期淨利」即為最終獲利。

在日本Yahoo財經「企業資訊」下的「合併結算變化」頁面上，登載著從損益表上擷取而來的部分資料。這裡要確認三個重點：「本期損益」、「每股盈餘」（ＥＰＳ），以及「營業利益率」。

本期損益代表的是公司在這一年來賺到多少錢。換句話說，就算營收再高，只要本期損益太低就沒有意義。每一年的**本期損益最好能呈現增加的趨勢，反之，若呈現減少的趨勢，則必須當心**。最好是跟過去幾年比起來，逐年遞增或保持穩定的公司；反之，要避開每個年度變化很劇烈，或逐年遞減的公司。前者在競爭激烈的大宗商品業界[4]裡很常見，後者則多見於衰退中的產業。

同樣的，從每股盈餘的變化也可以看出公司的成長性，最好選擇與過去幾年相較之下呈增加趨勢或穩定持平的企業。

營業利益率建議選擇高於其他競爭對手的公司。營業利益率是反映競爭優勢的重要指標，可用「營業利益／營業收入×１００％」求得。

資產負債表（財務狀況表[5]）的閱讀方式

〈三菱商事（8058）〉　（單位：百萬圓）

期間	2019年度	2018年度	2017年度
本期損益	535,353	590,737	560,173
自有資本	5,227,359	5,696,246	5,332,427
有息債務	5,760,123	5,092,099	4,954,395

出處：日本Yahoo財經

自有資本
由不需償還的自有資金籌得的錢。把顯示為負數的公司從投資標的中剔除。

有息債務
必須支付利息的借款。盡量挑選「有息債務÷本期損益」數值較小的公司。

以〈三菱商事〉為例

$$\frac{\text{有息負債}}{\text{本期損益}} = \frac{5,760,123}{535,353} = 10.8$$

➡比目本五大商社的平均值11.9還小！

記錄公司有多少存款與借款的「資產負債表」

第二種財報是資產負債表，資產負債表顯示的是公司擁有多少存款及借款，可分成「資產」、「負債」與「股東權益」三個部分。資產是公司擁有的財產；負債是公司向銀行等對象借來的錢；股東權益則是來自股東的資金，或從事業中賺取的收益。

4 大宗商品企業：提供的商品或服務缺乏獨特性，與同業之間必須透過價格競爭來爭取客戶的公司。

5 財務狀況表：即國際會計準則（IFRS）中的「資產負債表」。

在日本Yahoo財經的「合併結算變化」頁面上，也有登載資產負債表的部分內容。這裡要確認的是「自有資本」與「有息債務」。

對公司來說，資本即營運事業所需的錢，在把這些錢加總起來的「總資本」中，**籌措而來且不必償還的錢稱作「自有資本」**，若自有資本為負數的公司，代表帳上全**部都是負債，因此應該優先把它從投資候選名單中剔除**。

至於「有息債務」，意指必須支付利息的借款，基本上必須特別注意那些有息負債多的公司。不過有時候，公司也有可能為了不錯失大好機會而刻意舉債，因此建議連同公司獲利一起綜合評估後再做判斷。你可以用如同前一張圖表中的「有息債務」除以「本期損益」來計算，然後盡量挑選數值較小的公司。

記錄公司資金流動狀況的「現金流量表」

第三種財報是現金流量表。顧名思義，現金流量表就是按照「營業」、「投資」與「融資」等活動，分別記錄公司資金（現金）流量的一張表。

在網路平台「大家的股票」的「結算」頁面上，登載著與現金流量表有關的資

現金流量表的閱讀方式

〈任天堂（7974）〉 （單位：百萬圓）

期間	2019年度	2018年度	2017年度
營業現金流	347,753	170,529	152,208
投資現金流	-188,433	45,353	61,387
融資現金流	-111,031	-109,037	-61,311
自由現金流	159,320	215,882	213,595

出處：大家的股票

營業現金流
公司經營本業所產生的現金流入或流出。要把數值為負的公司從投資標的中剔除。

投資現金流
公司為了擴展事業而再投資所造成的資金增減。要把數值持續為負的公司從投資標的中剔除。

融資現金流
公司為籌措資金或償還借款所產生的現金流入或流出。

自由現金流
營業現金流與投資現金流的合計，數值愈大的公司愈好。

訊。雖然也有「融資現金流」或「自由現金流」，但這裡建議要確認的是「營業現金流」與「投資現金流」這兩個數字。

營業現金流即公司經營本業所產生的現金流入或流出，這個數字為負數的公司應該要被投資人剔除在外。

至於投資現金流，則是公司為了擴展事業而再投資所造成的資金增減，由於公司賭上日後的存亡進行再投資，因此很多都是負數。

不過，在巴菲特式的長期投資中，例如他長期持有的「可口可樂」等公司的股票，這些公司不需要與人競爭仍然能持續創造利潤，換句話說，擁有持續性競爭優勢的公司，才會成為他的投資標的。因此，這裡我們應該要排除投資現金流持續呈現負數的公司。

反映公司業績或財務狀況的主要「財務指標」

最後要介紹的，是如何觀察主要財務指標。

財務指標是指財務報表中，項目與項目之間的比例或比率，而這對於公司業績或財務狀況的判斷來說非常重要。

在日本Yahoo財經上，這個指標是登載於「合併結算變化」的頁面。這裡要確認的是「自有資本比率」、「股東權益報酬率」（ROE）與「資產報酬率」（ROA）這三個數字。

相對於自有資本，凡是從舉債籌得的資金，無論有沒有利息，一律稱為「借入資本」。借入資本加上自有資本，即為「總資本」，而自有資本在總資本中的占比，就是「自有資本比率」。

一般來說，這個比率只要達到40%以上，公司破產的可能性就會比較低，但這個

主要財務指標的閱讀方式

〈任天堂（7974）〉

（單位：%）

期間	2019年度	2018年度	2017年度
自有資本比率	79.7	83.4	80.7
資產報酬率	14.27	11.67	9.00
股東權益報酬率	17.53	14.22	10.86

出處：日本Yahoo財經

自有資本比率
公司自有資本在總資本中的占比。比率愈高愈安全，40%以上是及格線，50%以上則更理想。

資產報酬率（ROA）
公司運用資產的效率性。最好要有6%以上，數值愈高愈好。

股東權益報酬率（ROE）
公司運用股東資金的效率性。日本企業平均約為10%，高於這個數值就可列入投資觀察標的。

比率過高的話也要當心，因為假如是「公司缺乏信用而無法向銀行借款」的話，也有可能導致公司在帳面上沒有借入資本，因而使自有資本比率變得很高。

「股東權益報酬率」反映的是：公司有多高的效率去運用股東所提供的資金，這個比率也是愈高愈好。巴**菲特也強調，應該重視股東權益報酬率，更甚於每股盈餘，且建議這個比率應該要達到美國企業平均的15%以上。**他之所以這麼說，是因為比這個比率還低的公司，很有可能是前述的大宗商品公司。附帶一提，日本企業平均的股東權益報酬率大約是10％左右，所以只要超過這個數字，就可以算是優良標的。

最後，「資產報酬率」反映的是：公司是否能有效率地運用資產，這個比率最低至少要有6％以上，數字愈高愈好。

不過，就算某公司的資產報酬率很低，也不見得一定得把它排除在外，因為需要高價設備的產業，其資產報酬率通常會偏低，但其他公司想進入這個產業分一杯羹也相對困難，長期來看，或許能期待這類公司的業績。因此，不妨綜合評估一間公司的事業內容或資產負債表等資料，確認它是否不容易被其他公司模仿，或者它的總資產是否比其他公司高出許多。

聚焦在財報中的「本期損益」變化

在這些財務指標之中，巴菲特最重視的就是損益表，他會鎖定那些從長期來看，本期損益持續增長的公司，進一步投資它們。而這個方針，與近年來會計準則[6]重視的是資產負債表背道而馳。

儘管說明得很簡單，但會計學其實相當深奧，不可能光靠這些項目就對一間公司瞭若指掌，不過，只要根據前述說明的內容去分析財務報表，就足以初步篩選出理想的投資標的。

POINT

- **本期損益最好呈現數值增加的趨勢。**
- **挑選「有息債務÷本期損益」數值較小的公司。**
- **剔除「營業現金流」呈現負數的公司。**

6 會計準則：編製財務報表的準則。日本公司可選擇「日本會計準則」、「美國公認會計原則」、「國際會計準則」與「日本修訂國際準則」等4種形式。

葛拉漢傳授的股市3大鐵則

進入憧憬的葛拉漢・紐曼公司

巴菲特從哥倫比亞大學商學院畢業後，便返回故鄉奧馬哈。某天，他接到葛拉漢的電話，說想替他介紹工作。巴菲特二話不說就接受邀約，並在1954年進入葛拉漢・紐曼證券公司擔任分析師。當時他的年薪是1萬2000美元（相當於現在的1300萬日圓）。

巴菲特被分配到一間沒有窗戶的房間，與日後同樣成為著名投資人的華特・許羅斯（Walter Schloss）[7]，一同在那個房間日以繼夜地工作。

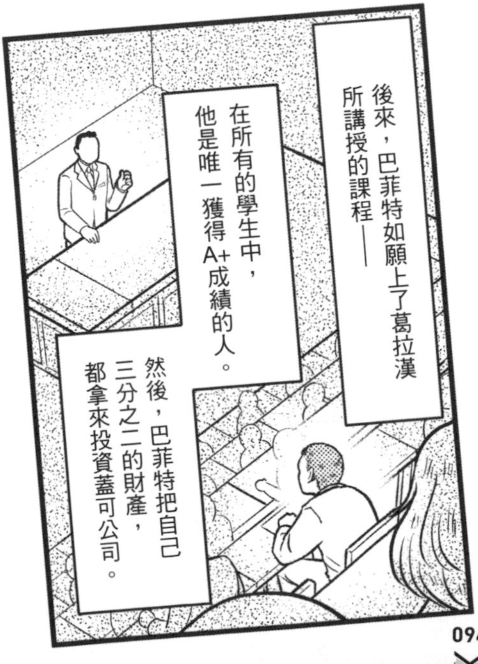
後來，巴菲特如願上了葛拉漢所講授的課程——
在所有的學生中，他是唯一獲得A+成績的人。
然後，巴菲特把自己三分之二的財產，都拿來投資蓋可公司。

最初，巴菲特每天瀏覽《標準普爾手冊》（*S&P Manuals*）與《穆迪手冊》（*Moody's Manu*）（類似公司四季報），找出低價出售流動資產的公司，將之記錄在帳簿傳票上，但在過去所累積的知識與經驗的加持下，他很快就成為一匹橫空出世的黑馬。

股票投資的3大鐵則

巴菲特在葛拉漢底下工作的時期，始終都遵守著以下3大鐵則：

- **抱持著「擁有公司一部分」的心態去買進股票。**
- **利用「安全邊際」。**
- **市場不是主人，而是僕人。**

7 華特．許羅斯：同為葛拉漢的學生，許羅斯亦是充分貫徹價值投資法的投資人。他所管理的基金，創下連續二十八年高收益的紀錄。

這三者都是巴菲特在學生時期，從葛拉漢課堂上學到的知識，**他認為其中最重要的，就是「安全邊際」**。所謂的安全邊際，一般指的是「在伴隨著風險的狀況下，為了確保安全而保留的餘地」，但在投資領域，則是指「為了減輕損失，而應該意識到的價差」（請參閱98頁）。

有時也會與葛拉漢意見相左的巴菲特

葛拉漢在投資上非常重視安全邊際，並採取當公司市值低於其清算價值時就會買進的方法。所謂的清算價值，代表公司出售的價值，也是當公司破產時能夠還給股東的錢。因此，只要買在相當接近或低於清算價值的價格，那麼即使投資以失敗告終，還是可以把風險控制在最小的程度。

此外，為了進一步提高安全性，葛拉漢還會把心思放在分散投資上，其中甚至還有持股不到1000美元的公司。相對的，巴菲特的投資風格是屬於堅信自己判斷的集中投資，他認為像葛拉漢那樣的避險操作並不合乎邏輯，他們有時甚至還會彼此對立。

1956年，葛拉漢突然宣布退休，這對巴菲特來說是一大衝擊。葛拉漢為了盡情享受餘生，打算遷居到加州。

當時葛拉漢．紐曼公司的股東，視巴菲特為葛拉漢的後繼者，而葛拉漢也曾向他提起升任普通合夥人的事，但他實在無意留在沒有葛拉漢的公司，因此儘管深感榮幸，他依然拒絕了葛拉漢的提議，再次回到故鄉奧馬哈。

如何實踐巴菲特雪球投資術？

投資人必須銘記在心的股市3大鐵則

洞悉公司價值（成長性）的投資

抱持著擁有公司一部分的心態去買進股票。

↓

投資人必須檢視整間公司的價值，
而不是只考慮它股價。

↓

利用財務報表發掘公司的內在價值
（請參閱84頁）。

↓

判斷出哪些是存在經營風險，或是成長性很低的公司，就算股價再便宜，也絕對不能碰這些公司。

股票是擁有公司一部分的權利

學生時期的巴菲特，在葛拉漢課堂上學到的，就是「抱持著擁有公司一部分的心態去買進股票」、「利用安全邊際」，以及「市場不是主人，而是僕人」。

首先，「抱著擁有公司一部分的心態去買進股票」，意思是：股份有

「價值股」下市的實際案例

〈Renown（3606）[8]的日線：2020年1月～6月〉

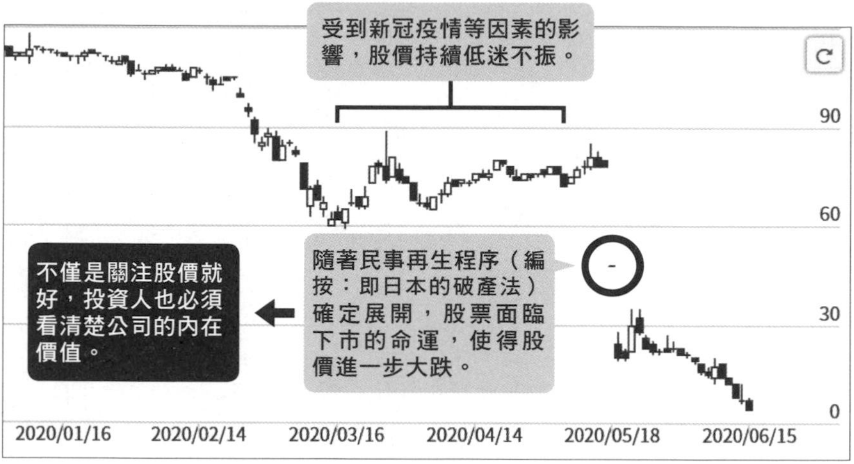
受到新冠疫情等因素的影響，股價持續低迷不振。
90
60
30
0
隨著民事再生程序（編按：即日本的破產法）確定展開，股票面臨下市的命運，使得股價進一步大跌。
不僅是關注股價就好，投資人也必須看清楚公司的內在價值。
2020/01/16
2020/02/14
2020/03/16
2020/04/14
2020/05/18
2020/06/15

限公司藉由發行股票向股東籌措資金，讓公司得以經營；相對的，股東則藉由購買股票來獲取公司一部分的所有權。換句話說，買進股票就等於是擁有公司的一部分。

葛拉漢在他的著作《智慧型股票投資人》中，將「投機」與「投資」的差異解釋為：關注股價的是「投機者」，關注公司的是「投資者」。一般來說，雖然僅關注股價變動的投機行為也沒有錯，但**投資應該還是要像**

8 Renown是日本知名成衣商，2020年受到新冠疫情影響而聲請破產。

葛拉漢或巴菲特一樣，著重於預測公司的長期成長。

不過，正如葛拉漢強調的，要做到這一點，投資人必須透過公司財務報表等資料，掌握公司的內在價值才行。

找出「安全邊際」就能迴避投資風險

第二點「利用安全邊際」，巴菲特強調這是最重要的一點。由於投資前必須做出預測，但總是會伴隨著不確定性，**為了盡可能迴避風險，一開始就應該要設法做「不會蒙受損失」的交易。**為此，很重要的一件事情，就是利用安全邊際。

葛拉漢認為，安全邊際是為了減輕損失，而應該要意識到的價差，說得更具體一點，就是「公司清算價值與市值[9]的差異」。

比較公司「價值」與「市值」的差異

相較於葛拉漢，巴菲特在實踐「安全邊際」的時候，將之重新定義為「公司價值與市值的差異」，而且公司價值比市值高出愈多，代表愈安全。

巴菲特的安全邊際概念

安全邊際 ＝ 公司價值 － 市值

公司價值的計算方法

公司價值 ＝ 業主盈餘 ÷ 長期債券殖利率（美國30年期公債）

業主盈餘 ＝ 淨利 ＋ 折舊攤提 － 設備投資（取得有形固定資產的支出）

簡單來說，只要用公司「未來會創造的盈餘」，除以「公債的殖利率」，即可預測現在的公司價值。

附帶一提，公司價值的計算公式如下：

公司價值＝業主盈餘[10]÷美國30年期公債殖利率

舉例來說，假如公司價值是83億圓，市值為80億圓的話，安全邊際就是3億圓。這個差異數字愈大，投資人的風險就愈小，因為這類公司的

9 市值：一間公司的股價乘以已發行股數，可視為是由市場評價所賦予的價值。

10 業主盈餘：巴菲特自創，也是他經常用的指標，以簡化的公式計算出公司能分配給股東的年度盈餘。

「股價淨值比」（PBR）在1倍以下，也就是即便它現在聲請破產，把所有資產分配給股東時，你還是能收到超過股價的金額。若按照葛拉漢的原則，應該要投資這樣的公司才對。

巴菲特也說過：「即便建造橋梁的人聲稱某座橋可以承受3萬磅（約13．6噸）的重量，但你得判斷它頂多只能承重1萬磅。」換句話說，在做投資判斷時，應該要保留很大的安全範圍才對，更遑論在未獲得「安全邊際」保證的時候，就貿然進行投資。

同樣就迴避風險這一點來說，葛拉漢建議的則是「分散投資」，也就是盡可能將資金分散在不同產業、不同公司中。

成為市場的領頭羊而非追隨者

至於股市3大鐵則的最後一點，即「市場不是主人，而是僕人」。葛拉漢在說明投資時，經常使用「市場先生」這個虛擬人物為例：「市場先生」每天都在買賣股票，而且還會不請自來，帶著價格不合理的交易上門。不過，按照葛拉漢的說法，此

安全邊際的計算範例

〈住友商事（8053）〉　（單位：百萬圓／美國30年期公債除外）

淨利	171,359	市值	2,043,923
折舊攤提[11]	165,340	美國30年期公債	2.390%
取得有形固定資產的支出	76,935		

出處：住友商事《有價證券報告書》（2019年度）、日本Yahoo財經（2021年3月22日即時資料）

住友商事的公司價值 ＝ 業主盈餘 ÷ 長期債券殖利率

＝（171,359＋165,340 － 76,935）÷ 4.390% ※

＝ 5,917,175（百萬圓）

※在長期債券殖利率偏低的情況下，巴菲特會加上1～2%計算，因此這裡也用「2.390%」加上2%去計算。

安全邊際 ＝ 公司價值 － 市值

＝ 5,917,175 － 2,043,923

＝ 3,873,252（百萬圓）

住友商事有將近4兆圓的安全邊際！

時千萬不能被「市場先生」一時興起所提出的價格給迷惑。

不用說也知道，「市場先生」的形象就是將股票市場的波動擬人化。這個教訓告訴我們的是：市場是起伏不定的，股價時時刻刻都在變動，我們不能受情緒影響而隨之起舞。

換句話說，投資應該要抱著成為市場領頭羊（把市場當僕人），而非追隨者（把市場當主人）的心態。

由於網際網路的普及，使投資人

11 折舊攤提：將固定資產的購買金額按照耐用年限分期提列的費用。

不隨市場的價格變動起舞

〈ANA控股（9202）1分線：2021年3月15日〉

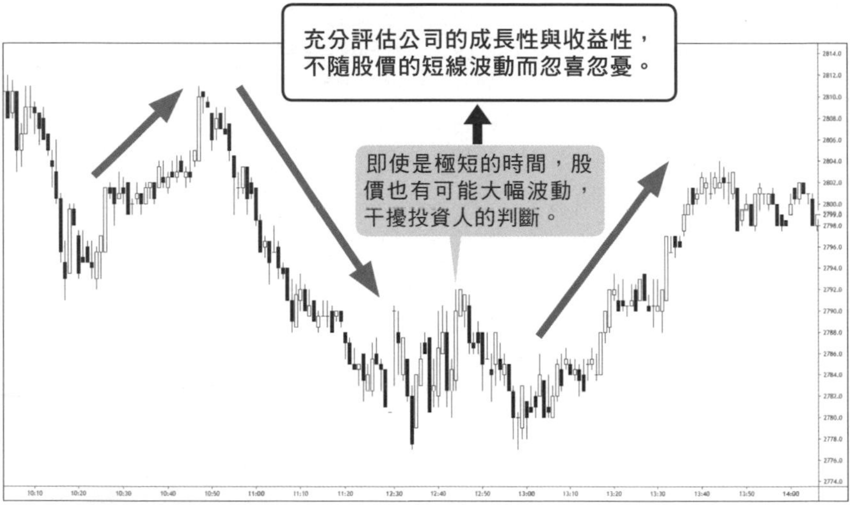
充分評估公司的成長性與收益性，
不隨股價的短線波動而忽喜忽憂。
即使是極短的時間，股價也有可能大幅波動，干擾投資人的判斷。

隨時隨地都能夠確認股價，以0・1秒為單位的極短線交易早已不是新聞，而這就是所謂「市場先生隨時帶著交易上門」的狀況。

不過，投資不應該是時時刻刻在意著瞬息萬變的股價，而是應該像巴菲特那樣，充分評估公司的成長性或收益性之後，再進行投資。

POINT

- 抱著「擁有公司一部分」的心態買進股票。
- 注意公司的「安全邊際」，就能避免遭受損失。
- 聚焦在公司的成長性或收益性，不隨市場的價格變動起舞。

PART

3

壯年期

初識「費雪理論」與出任波克夏董事

巴菲特的格言 Buffett's words

「買進股價合理的卓越公司，勝過買進那些股價便宜的平庸公司！」

——1990年，〈致波克夏．海瑟威股東信〉

壯年期 1960-1972

從「菸屁股理論」到「費雪理論」

1990年剛好是巴菲特收購波克夏．海瑟威的第二十五年，而本章的標題，就是當時80歲的巴菲特，寫給波克夏股東的一句話。

所謂「買進股價便宜的平庸公司」，就是他的恩師葛拉漢提倡的「菸屁股理論」，而「買進股價合理的卓越公司」，則出自傳奇投資人菲利普·費雪（Philip Fisher）所創的「費雪理論」。

在巴菲特40歲左右以前，他重視的大致都是前者，而且也因此創造巨大的獲利。他在26歲那年用10萬5000美元資本創立的合夥公司，五年後的資產突破700萬美元，而且即便是在整併多家合夥公司之後，它依然能創下優異的投資績效。

在這個過程中，他35歲那年進行的波克夏收購案，卻是巴菲特口中的「失敗」案例。波克夏公司最初經營的是紡織業，但由於經營不振，加上廣設工廠，最後只好關門大吉，完全是「連最後一口菸都吸不到」的菸屁股，因為巴菲特收購它以後，它的業績仍未見起色，依然持續低迷不振。儘管巴菲特曾試著投入許多資產與經營團隊，卻無法扭轉現實，直到自收購日算起的二十年後，他終於決定關閉全部的紡織工廠。

在收購波克夏之初，巴菲特就開始察覺到，恩師葛拉漢的「菸屁股理論」有其極限，因為就算能夠用便宜的股價買進平庸的公司，但那些公司日後的業績也未必會有所成長，收購波克夏一案就是最好的例子。

在察覺到「菸屁股」的極限之際，巴菲特轉而實踐「費雪理論」，這個令他深感佩服的理論是他從朋友那裡學來的，其投資原則著重在預估公司「未來的成長潛力」，而這是過去葛拉漢並未關注的指標。

買進時思糖果：將「費雪理論」付諸實踐

在收購波克夏公司七年之後，波克夏的本業經營絲毫未見改善，而此時巴菲特決議執行的「時思糖果」（See's CANDIES）收購案，正是他由「菸屁股理論」轉為實踐「費雪理論」的重要事件。

時思是一間位於加州的糖果公司，它在出售股權當時，提出了相當強硬的價格，但**巴菲特十分肯定該公司的品牌力與知名度，毅然決定買下時思家族所有的股權**。後來，時思糖果也不出巴菲特所料，交出了非常漂亮的成績單。

如果當時巴菲特堅持採用「菸屁股理論」的作法，就不可能在時思糖果這筆投資上取得成功了。這次的收購案，讓巴菲特確信「費雪理論」的有效性，「買進股價合理的卓越公司，勝過買進那些股價便宜的平庸公司！」他說完這句話後接著說道：

「好騎師騎好馬會有好表現，但騎劣馬就不行了。」

換句話說，要騎像時思糖果這樣的好馬，而不是騎像波克夏這樣的劣馬，才有可能取得成功。

收購時思糖果的那一年，巴菲特42歲。從這次經歷中所獲得的體悟，正是引領他在日後賺取巨額財富的轉捩點。

時間回到1850年
一家名叫「美國運通」的運輸公司在紐約成立了。
該公司從1981年開始發行一種名為「旅行支票」的支票……
之後隨著國際化的發展，它的業務不斷地擴大，
並於1958年發行「美國運通」信用卡，躋身為世界級的企業。
CREDIT CARD
EXPIRES
JOHN J SMITH
123 MAIN STREET
CENTERVILLE USA

然而，1960年代發生一起事件——
這是怎麼回事！
怎麼會沒有擔保品？這跟當初說的不一樣啊！
當時，美國運通融資6000萬美元給一家公司，對方用沙拉油作為擔保品……
但後來才發現，那些作為擔保品的沙拉油，實際上根本不存在。
這起事件估計會對美國運通造成高額的損失——
最後貸款人聲請破產，於是才爆出這起「沙拉油醜聞」案。
市場上甚至出現許多「美國運通是不是要破產了？」的聲音——

美國運通公司
總經理室
我們的股價暴跌，一切都完了……
叩叩
打擾了！
總經理，有客人來訪。
抱歉～臨時拜訪您，真不好意思！
你是……
我叫華倫・巴菲特，我想買貴公司的股票，所以特地來這跟您商量。
你要投資我們公司…!?
那個……請問您有看到新聞報導嗎？
有啊，聽說你們被詐騙了。
那你為什麼還…！

因為——客戶並沒有因此失去對美國運通的信任！
這起事件爆發後，我實際到零售店的店面去確認過收銀狀況……
結果客人還是「一如往常」地在使用美國運通卡。
現在雖然因為爆發醜聞的關係導致股價暴跌……
但我相信美國運通的品牌力。
巴菲特先生……！
後來，巴菲特大量買進美國運通的股票，
甚至以股東的身分，在法庭上擔任美國運通的證人——
接下來是股價的新聞——
一度大跌的美國運通，股價已開始反彈。
而且目前仍在持續攀升，現在……

1932年
波克夏・海瑟威總公司
西伯里・史坦頓
波克夏・海瑟威總經理
哥，你不了解公司的現狀……
要是答應加薪的話，公司的經營會愈來愈困難！
歐提斯・史坦頓
西伯里的弟弟
而且你還任命傑克繼承你的職位……你到底在想什麼？
恕我直言，那小子不適合管理公司！
我能理解你是愛子心切……
…
但把公司的未來交給副總經理蔡司，不是比較好嗎？
我自有想法，你別管這麼多……
哥哥！
你又那樣擅作主張了！

喂？巴菲特，上次那些股票怎麼樣了？
喔——你是說波克夏‧海瑟威嗎？
紡織業的情況還是很嚴峻嗎？
不，並不是因為紡織業才虧錢的……
是那家公司的總經理，好像想「獨裁的」經營下去……
他說想要回購我手中持有的股票。
我剛好收到正式的回購說明文件……
你答應讓他們用多少錢買回？
這個嘛……
咦？
這、這是什麼!?
喀噠
跟談好的金額不一樣啊！
!?

抱歉——我突然有急事！
晚點再打給你吧。
喂、喂！
砰
嗶嗶嗶嗶
嘟嚕嚕嚕嚕嚕
您好，這裡是波克夏・海瑟威股份有限公司。
喂～我是巴菲特！
我想約個時間親自到貴公司拜訪！
巴菲特對波克夏出爾反爾的股票回購金額感到很憤怒，他沒有答應對方，逕自前往波克夏一探究竟。
不好意思……
總經理目前有事外出，容我代替他來跟您會談。
肯恩・蔡司
波克夏・海瑟威副總經理
請跟我來！
東張
西望
請問總經理的公子傑克先生，人在哪裡呢？
傑克今天沒有來上班……
真是抱歉，還勞駕您親自跑一趟……
不，畢竟我也是臨時說要過來的。
您今天來是為了什麼事呢？
請告訴我貴公司的經營方針——
關於紡織事業的部分，我也有幾個問題想請教。

肯恩・蔡司是一個誠實穩重的經理人。
他花了兩天的時間，向巴菲特說明波克夏的紡織事業。
蔡司，我希望能夠由你來接任波克夏・海瑟威的總經理。
什麼？
我認為像你這樣誠實正直的人，才適合擔任這間公司的經營者。
呃……
在那之後，巴菲特去見了歐提斯，並取得對方的承諾，將他手中的持股賣給自己。
那我先告辭了，下次再見。
啊！好的。
原本持有波克夏49％股份的巴菲特，因此獲得該公司的實質控制權。
巴菲特先生！能不能請您再重新考慮考慮呢？
…
頭也不回
後來，儘管傑克苦求巴菲特，希望能動之以情，但一切都為時已晚。
1965年，巴菲特就任波克夏的董事長，次月便任命蔡司擔任總經理。

在葛拉漢之後，影響我最深的第二個人……
就是偉大的投資家——菲利浦・費雪！
如果說我的投資哲學，「有85％來自葛拉漢，15％來自費雪」，也絕非言過其實。
1907年，費雪在加州出生。
21歲那年，他進入盎格魯倫敦銀行上班。
短短不到兩年時間，他就被任命為統計部門的負責人。
當時他注意到——美國西岸很少有專業的資產管理公司，
於是他便成立了「費雪公司」……
他在這間公司擔任長達69年的董事。

費雪曾在摩托羅拉還是一間小型收音機製造公司時，就出手買進它的股票。後來該公司成長為大型電子設備製造商，他也因此獲得龐大的收益。
費雪幾乎不曾接受雜誌或電視的採訪，所以他的這本書才會如此暢銷——
非常
潛力股
這本書集結了費雪投資哲學的精髓！
「用合理的價格購買卓越的公司」
這就是菲利浦・費雪的投資風格！
葛拉漢最重視的，就是根據數值判斷股價的「定量分析」。
費雪則著重於評估經營者資質或企業文化的「定性分析」。

我是在1960年代認識了他的這套「費雪理論」……
其中的內容——可說讓我獲益匪淺！
雖然它與葛拉漢教授的「菸屁股理論」是相互對立的概念……
但我認為費雪的方法，的確有實踐的價值。
因為——
假如根據他的理論去投資，你很有可能會遇到那些價值飆漲的潛力股。
自此之後，
據說「費雪理論」對巴菲特投資方法的影響，已經超越了葛拉漢。

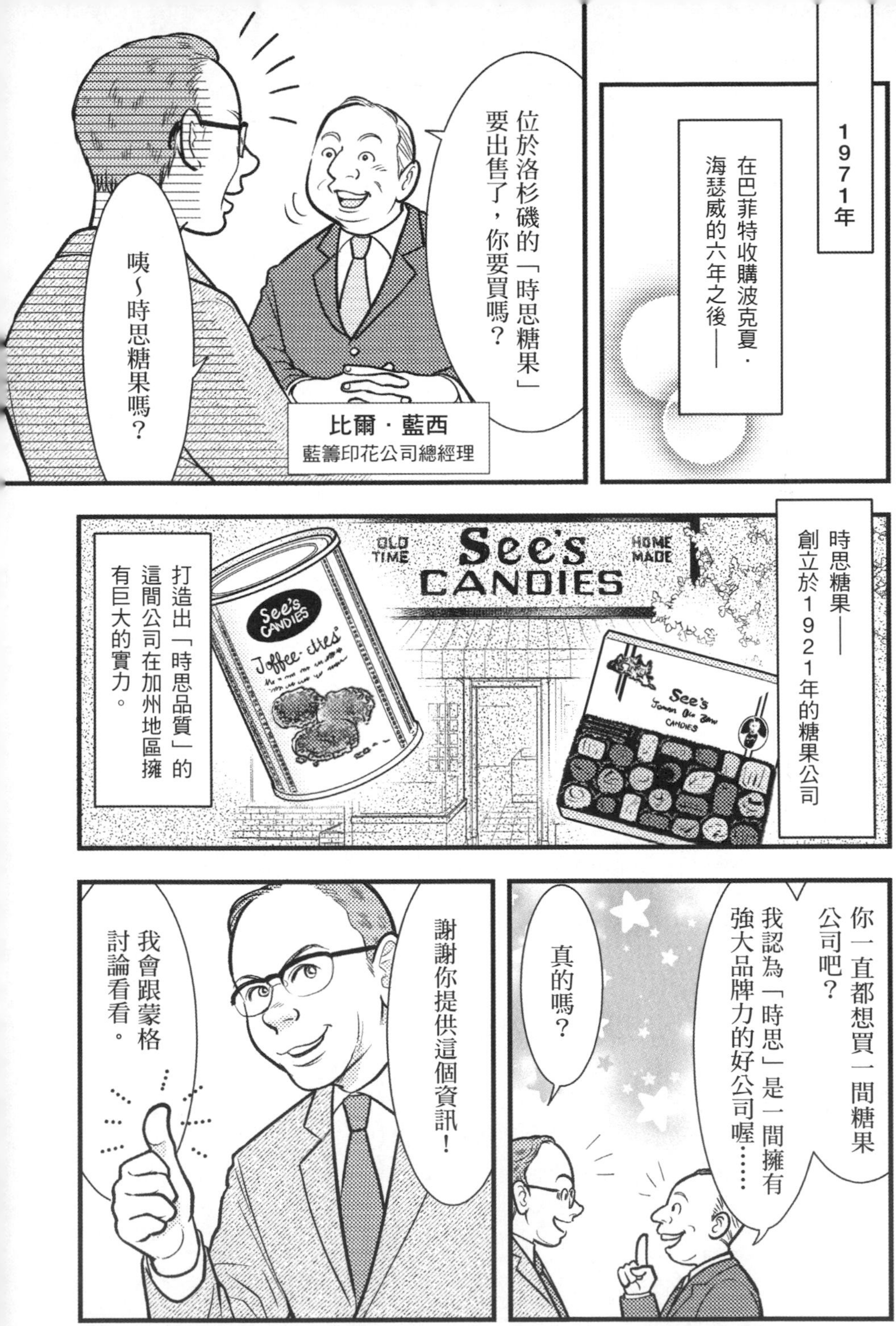
1971年
在巴菲特收購波克夏・海瑟威的六年之後——
位於洛杉磯的「時思糖果」要出售了，你要買嗎？
比爾・藍西
藍籌印花公司總經理
咦~時思糖果嗎？
時思糖果——創立於1921年的糖果公司
OLD TIME
See's CANDIES
HOME MADE
打造出「時思品質」的這間公司在加州地區擁有巨大的實力。
你一直都想買一間糖果公司吧？
我認為「時思」是一間擁有強大品牌力的好公司喔……
真的嗎？
謝謝你提供這個資訊！
我會跟蒙格討論看看。

數日後——
我們去商談收購時，時思開價3000萬美元耶！
但是他們的資產只有500萬美元……
你怎麼想？
…
從時思的營收來看，一年估計會有9……不，有12%的報酬率。
如果把商品的價格定得比以往更高的話，也有可能得到14%的報酬率。
問題是它每年的獲利是否能持續成長？有一半像是在賭博。
雖然還是有一些顧慮……
不過如果按照「費雪理論」來思考的話，時思確實是一家好公司。

1972年
巴菲特收購了時思糖果。
隨後，巴菲特與蒙格出任該公司的董事。
他們投入前所未有的熱情在這個新事業的經營上。
後來——時思從一開始一年3000萬美元的營收，
到了2021年已成長為年營收3億8000萬美元的大規模企業。
華倫～你在讀什麼？
「費雪理論」啊！
你也喜歡吧？
這是一種著眼於事業內容與品牌力，對優秀公司進行投資的方法……
我認為時思的案子就是最好的印證。
我是在咀嚼成功的滋味啊！

在做投資判斷時要活用「周邊資訊」

這個事件爆發後，我實際到零售店的店面去確認過收銀的狀況……
結果客人還是「一如往常」地在使用美國運通卡。

一起詐欺事件，差點導致世界級企業破產

1963年，美國發生了一起俗稱「沙拉油醜聞案」的詐欺事件。有一家經營黃豆油販賣的公司，用實際上不存在的庫存作為擔保品，騙取銀行貸款。隨著事實被揭露出來，該公司也宣告破產，但為其辦理融資的美國運通也因此背上15億美元的債務，瀕臨破產邊緣。

這起事件爆發之後，投資人紛紛賣掉手中的美國運通持股，造成該公司的股價迅速腰斬，從60美元崩跌至35美元。

當時，美國運通藉由提供客戶旅行支票[1]與信用卡（AMEX）等服務，已經是躋身世界級的企業，地位難以撼動。不過，他們的信用究竟會不會因為這次醜聞而完全瓦解呢？

內心如此思索的巴菲特，**為了了解該公司的商品使用狀況與評價，親自前往各個餐廳與銀行等場所，徹底調查了一番。**

危機入市，以創紀錄高價押寶美國運通

巴菲特調查之後發現，儘管爆發了這樁足以撼動公司存續的醜聞，但仍不至於使美國運通的客戶決定不再使用他們的商品。

主要原因在於，「美國運通仍具有壓倒性的知名度」，**即使股價持續下滑，公司業績依然非常好，商品的普及率也很高。**換句話說，「該公司的股價只不過是短期下

1 旅行支票：即海外旅行者為了避免現金在旅遊地遭竊或遺失，簽發給自己的支票，大多縮寫為T/C。

滑而已」，巴菲特做出這個判斷之後，便以自己合夥公司創紀錄的3000萬美元，買進華爾街投資人爭相拋售的美國運通股票。

為了優秀企業的存亡，在法庭上挺身而出

在投入大筆資金之後，巴菲特對美國運通經營團隊的想法是，犯了錯當然應該要賠償才對，不過在此之前，該公司已發出聲明表示，公司願意負起道義上的責任，並回應銀行的要求，提出6000萬美元的和解金。

然而，有部分美國運通的股東反對這件事，並因此對公司的總經理提出告訴。巴菲特得知這件事後，立刻前往總經理的辦公室了解狀況，為了擁護經營團隊，他甚至自告奮勇地自費出庭作證。這個時候，他對美國運通的投資總額已達到1300萬美元，占了自己合夥公司管理資金的40%。

幾個月後，巴菲特走上法庭，說出以下這段話：「因為這起事件而起訴總經理是不對的，反而應該要認可他的努力才對。就把這6000萬美元的和解金，當作是公司發放的股利好了——只要把它想成是公司遭遇重大事故或災害而損失的錢，其實也不過是微不足道的金額不是嗎？」

巴菲特的證詞奏效了，後來美國運通也實際支付了和解金。此後，該公司的信用逐漸恢復，股價最終漲破49美元。

過去一向僅重視公司財務面的巴菲特，在經過這次事件之後，深刻體會到活用公司傳聞、聲譽或風評等「周邊資訊」的重要性。

活用公司的傳聞與風評，判斷是否該投資它

在決定要投資美國運通之前，巴菲特曾在餐廳與銀行等地點做調查，確認該公司的風評及商品使用情形。這裡最值得讚許的一點，應該是當其他投資人正爭相拋售美國運通的股票時，他反而親自展開調查，而不是盲目聽信其他投資人的意見。

如果巴菲特也隨著市場恐慌而起舞的話，恐怕就會錯失後面龐大的獲利了。由此可見，在發生任何事情時，先實際調查，再做出投資判斷是很重要的。

如何透過「周邊資訊」去評估一間公司？

在進行調查時，巴菲特重視的是「周邊資訊」。所謂的周邊資訊，就是儘管沒有直接關聯，但卻能藉此理解一件事物的有益資訊；在投資方面，就是除了股價及公司

美國運通的股價走勢

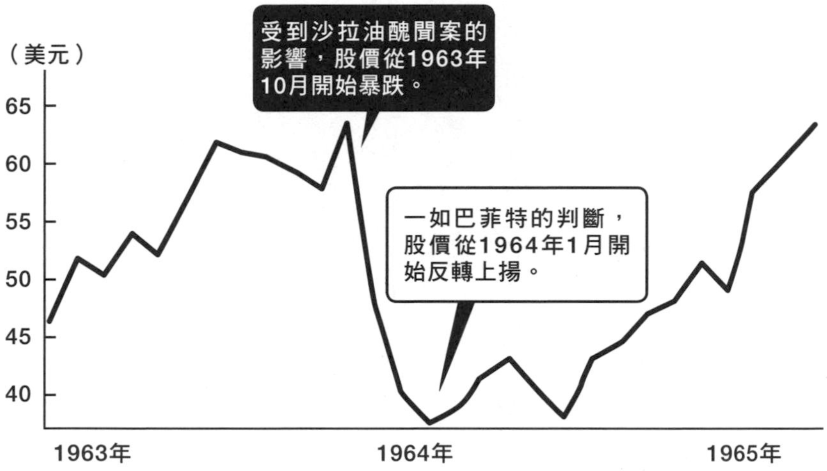
受到沙拉油醜聞案的影響，股價從1963年10月開始暴跌。
一如巴菲特的判斷，股價從1964年1月開始反轉上揚。
（美元）
65
60
55
50
45
40
1963年
1964年
1965年

業績以外，可以用來評估一間公司的資料。例如傳聞或聲譽，不只可以參考一般大眾的意見，包括那間公司的競爭對手或關係企業、大學、政府、業界團體的幹部或前員工等，來源所在多有。投資人可以先彙整所有能夠收集到的傳聞或聲譽，再進一步評估那間公司。

假如一間公司的股價大幅下跌，但消費者對它的評價依舊沒有改變，也就是說，失去信心的只有投資人的話，那麼該不該投資或繼續持有它的股票都是一個假議題。你該做的，就是看著該公司繼續保持以往的業績，等待股價回升至以往的水準而已。換句話說，有時候第一線消費現場的傳聞或風評，比投資人的意見更有用。

謹慎看待其他投資人的意見

話雖如此，我們也不需要凡事都像巴菲特一樣，直接走訪餐廳或銀行做調查，更何況一般民眾幾乎沒有機會踏入大學或政府等機構。因此，不妨參考許多成功投資家所實踐的方法，例如活用電視或網路等觸手可及的管道，去接觸顧客或業界相關人士等一般社會大眾的意見。

現代的媒體比巴菲特當年的投資環境更加發達，我們可以輕易得知消費市場的風評或顧客評論。

以後者為例，網路上就能找到一間公司的「口碑」。具體來說，就是亞馬遜或Yahoo購物等電子商務網站[2]上的商品評價、X（編按：前身為推特）或IG等社群平台上的貼文等等。

瀏覽這些評價，**即可看見從公司的歷年收益或線圖中看不見的「企業價值」，也**

就是對其事業內容的評價、經營者的名聲、公司的品牌力或知名度等等。巴菲特也會根據大眾媒體所提供的資訊，例如每個人都能輕易確認的新聞，來進行投資判斷。

先確認這些來自社會大眾的風評之後，再參考其他投資人的意見，經常能帶來許多新的投資想法。

舉例來說，很多個人投資者[3]都會經營自己的部落格社群，他們會用心整理某些公司的相關資訊，或是採用不同觀點判斷買進或賣出的訊號，你可以根據這些觀點修正自己的判斷，或是佐證自己的投資。而在這個過程中，有時也能得到許多你以往沒有注意到的個股資訊。

相較於部落格，網路論壇則匯聚更多網友的意見，雖然看似是個優點，但由於上頭的資訊都是由匿名者提供的，因此也充斥著許多缺乏可信度的虛假消息，要注意千萬不要被那些來源可疑的資訊所迷惑。

2 電子商務網站：公司販賣商品或服務的網站。英文縮寫為EC，全稱是Electronic Commerce。
3 個人投資者：相對於保險公司或金融機構等管理客戶寄存資金的機構投資者，個人投資者是以個人名義進行投資的人。

總而言之，獲取這些來自不同觀點的意見，其中或許也有很多值得參考的部分，但如果不經思索就全盤接收的話，萬一遭遇失敗，其他人也不會負起責任，因此最終的判斷還是要回到自己身上。

菲利浦·費雪的「周邊資訊活用法」

事實上，前述這種活用傳聞或風評的做法，又稱為「周邊資訊活用法」（Gossip Approach），這是投資家費雪（請參閱134頁）所實踐的方法。據說他會針對投資清單上的公司，實際去拜訪它們的客戶、廠商或競爭對手等，並根據現場聽到的傳聞或風評，做出是否要進一步投資的判斷。

若遵循巴菲特恩師葛拉漢的指導，要關注的應該是公司財務報表等數字才對，至於經營者的名聲、品牌力或知名度等條件，統統不看也無所謂。不過那樣一來，巴菲特恐怕不可能做出像此例中一樣的決定。

針對這一點，巴菲特在多年之後如此說道：「葛拉漢先生只看財報上的數字，但我會著眼於公司帳冊上沒有記載的資產或無形資產。」

運用「周邊資訊活用法」的投資案例

〈奧林巴斯（Olympus）週線：2011年7月～2013年5月〉

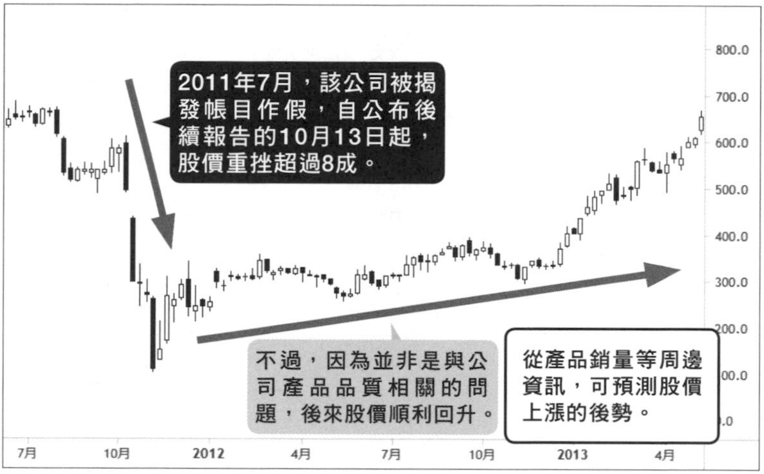
2011年7月，該公司被揭發帳目作假，自公布後續報告的10月13日起，股價重挫超過8成。
不過，因為並非是與公司產品品質相關的問題，後來股價順利回升。
從產品銷量等周邊資訊，可預測股價上漲的後勢。
800.0
700.0
600.0
500.0
400.0
300.0
200.0
00.0
.0
7月
10月
2012
4月
7月
10月
2013
4月

※本圖已調整為2019年奧林巴斯股票分割後的股價。

如果把美國運通過去累積的「信用」視為一項資產，那麼藉由傳聞及風評再次確認的公司信用，就是無庸置疑的「無形資產」。

換句話說，巴菲特關注的焦點，不僅是公司的業績或負債而已，連這些部分也包含在內，這也是他取得莫大成功的原因之一。

POINT

- **自行調查判斷，不盲目聽信其他投資人的意見，這一點非常重要。**
- **根據商品或服務的傳聞及風評來判斷一間公司是否有投資的價值。**

壯年期的
重要場景❷
IMPORTANT SCENE

鎖定具有「長期成長潛力」的股票

察覺到「菸屁股理論」的極限

巴菲特在1965年取得波克夏·海瑟威的經營權，正式著手展開該公司的重建工作。然而，他一直以來使用的投資策略，也就是葛拉漢的「菸屁股理論」，卻愈來愈難創造出期望中的獲利。因為即便買進那些便宜的股票，但如果公司本身的業績不佳，股價也不會上漲。

正當巴菲特陷入煩惱之際，一位朋友向他介紹了「費雪理論」，而該理論正好埋藏著彌補「菸屁股理論」弱點的可能性。

如果說我的投資哲學，「有85%來自葛拉漢，15%來自費雪」，也絕非言過其實。

發明這套理論的人是投資家菲利浦．費雪，巴菲特受費雪的影響甚深，這一點從他多年之後說道：「我的投資哲學有85％來自葛拉漢，有15％來自費雪。」就可見一斑。

認識「成長型價值投資之父」菲利浦．費雪

1907年，費雪在加州舊金山出生。他曾就讀當時剛創立的史丹佛大學，但讀了一年就輟學，進入盎格魯倫敦銀行（Anglo-London Bank）工作。在當了三年的證券分析師以後，他看到了在西岸成立資產管理公司有利可圖的機會，便成立了費雪公司（Fisher & Company），並在往後的六十九年，持續創造出龐大的投資收益。他在1958年撰寫的《非常潛力股》一書，集結了他的投資哲學精髓，一舉登上暢銷排行榜。

費雪以投資於公司成長性的「成長型投資」而聞名。相對於葛拉漢重視的「定量分析」，是以公司過去的股價或業績變動等數字進行評估，費雪重視的「定性分析」，則是以公司的事業內容或經營者資質等等，無法表現在數字上的因素進行評估。在定性分析中，除了關注公司業績是否穩定成長，連是否投入精力在研發或業務部門以進一步擴大營收，還有勞資關係是否良好等面向，也都成了評估的項目。

在費雪實際的投資案例中，最著名的就是1955年的摩托羅拉（Motorola）公司。當時，摩托羅拉還是一間小型的收音機製造公司，但在1958年，它因為製造了用於阿波羅十一號及美國太空總署（NASA）太空探測器的無線電設備而聲名大噪，如今它已成長為一間製造及銷售電子設備的大型企業。費雪預見了該公司日後的成長潛力而加以投資，並因此獲取了巨額利潤。據說他一輩子都沒有賣出這檔股票。

對「費雪理論」深感佩服的巴菲特，日後也將這套理論應用在波克夏的經營上。

巴菲特的摯友兼事業夥伴——查理．蒙格

在此之前，有一個人比巴菲特更早接觸到「費雪理論」，同時實踐著成長型投資，那就是查理．蒙格。

巴菲特在29歲那年結識比自己年長6歲的蒙格，他是一名同樣出身於奧馬哈的律師。蒙格本身也是位投資好手，他從1962年開始經營自己的合夥事業超過十年以

上，創造出高額的報酬。

1966年，蒙格與巴菲特等人成立控股公司DRC[4]，1979年出任波克夏・海瑟威的副董事長。他是巴菲特一輩子的摯友兼事業夥伴。

4 DRC：多元零售公司（Diversified Retailing Company）。透過併購的方式，從事零售業的多角經營。

用15個指標篩選出「潛力成長股」

15個提問，找到具成長性的好公司

聚焦在「公司成長性」的費雪，重視的是根據事業內容或經營者素質等條件，來判斷一間公司的「定性分析」。

巴菲特在收購波克夏·海瑟威之後所實踐的投資方法，就是在葛拉漢的「菸屁股理論」中，結合這套「費雪理論」的形式。

費雪在篩選投資標的的時候，使用的是以下「15個問題」。這些問題大致上可分成三大類型：⑴觀察公司營收是否能持續成長、⑵觀察公司的獲利能力，以及⑶觀察公司經營者的素質。

費雪找到好公司的15個問題

觀察公司營收是否能持續成長	①是否有能在未來幾年增加營收的產品或服務？ ②是否有開發新產品或新服務的計畫，未來的營收可望因此而成長？ ③是否有投注心力在研究開發上？ ④是否擁有獨一無二的技術？ ⑤是否擁有優秀的業務部門？ ⑥在經營上是否有長期展望？
觀察公司的獲利能力	⑦營業利益率夠不夠高？ ⑧是否為了維持或改善營業利益率而充分努力？ ⑨是否有做適當的成本分析與財務分析？
觀察公司經營者的素質	⑩是否建立了理想的勞資關係？ ⑪管理階層的能力是否有充分發揮出來？ ⑫是否擁有大量優秀的管理階層？ ⑬經營者是否會隱匿壞消息？ ⑭經營者是否真誠地面對投資人？ ⑮有「增資」的風險嗎？

類型1：觀察公司營收是否能持續成長

首先，是觀察公司營收是否能持續成長的要點。包括以下6個問題：

①是否有能在未來幾年增加營收的產品或服務？

②是否有開發新產品或新服務的計畫，未來的營收可望因此而成長？

關於這兩點，即便現階段已經達到一定的營收，也不保證未來能持續下去，所以要確認現階段為公司帶來大部分收益的產品或服務，未來幾年是否還能讓營收持續增加。此外，當現階段的產品或服務不再有市場時，公司是否有計畫地開發讓營收進一步成長的新產品或新服務。

③是否有投注心力在研究開發上？

④是否擁有獨一無二的技術？

這兩個問題關係到公司的競爭優勢。為了日後能創造出新產品或服務，好讓營收成長，公司需要擁有獨一無二的技術訣竅[5]，也要投注心力在研究開發上。投資人必須確認這兩個問題，看看候選公司是否優於其他競爭對手。

⑤是否擁有優秀的業務部門？

即便公司有好的商品，但若沒有優秀的業務部門，也不可能讓營收成長。投資人可以檢視公司的銷售網絡、宣傳廣告的品質，以及客戶服務體系等是否具有一定的水準。

比方說，介紹商品或服務的電視廣告或雜誌廣告，是否比其他競爭對手更豐富？

這也是其中一種判斷方式。

⑥在經營上是否有長期展望？

如果經營者本身有對公司的長期展望，公司就會發展出能長期持續創造獲利的事業。投資人可以從公司的一舉一動去判斷這點，包括它是否只會追求眼前的利益等等。

類型2：觀察公司的獲利能力

以下3個問題，是用來判斷公司獲利能力的關鍵。

⑦營業利益率夠不夠高？

5 技術訣竅：即英文的「Know How」，意指與處理程序或方法有關的知識。

⑧是否為了維持或改善營業利益率而充分努力？

⑨是否有做適當的成本分析與財務分析？

本書的第二部分已說明過如何解讀損益表中的「營業利益率」[6]（請見84頁），這是一個衡量公司獲利能力的指標。

一般來說，如果營業利益率有10%以上，即可判斷收益性是高的。投資人可以確認公司是否有為了維持或改善營業利益率，而進行成本分析或財務分析。

另一方面，則要避開那些為了提高營業利益率而選擇便宜行事的公司。比方說，公司突然宣布產品或服務要漲價等情況，就應該要審慎地判斷。

類型3：觀察公司經營者的素質

最後，是判別經營者素質的6個問題：

⑩是否建立了理想的勞資關係？

⑪管理階層的能力是否有充分發揮出來？

⑫是否擁有大量優秀的管理階層？

這3個問題關乎勞工和管理階層（即經營者）之間的關係。對公司的長期成長來說，勞工與經營者之間必須具備良好關係。

具體而言，不妨確認一下公司的教育訓練制度、升遷制度與員工福利是否完善。特別要注意的是，經營者是不是來自同一個家族？或者是從外部挖角過來的？前者容易陷入專斷獨行的經營模式，而後者則有可能是公司內部缺乏培養自家人才的機制。

⑬經營者是否會隱匿壞消息？

投資人應該要避開那些會隱匿利空消息的公司。為了安心地把你投入的資金交給對的經營者，你有必要確認經營者是個開誠布公的人——無論是好消息或壞消息。

---

6 營業利益率：公司「營業利益」占「營業收入」的比率，是衡量公司獲利能力的指標。代表公司每創造1元營收時，能夠獲取多少利潤的比例。從這個指標可以看出公司的賺錢能力。

⑭經營者是否真誠地面對投資人？

以自己或公司利益為優先的行為，不應該成為投資人考慮的標的，更重要的是要確認經營者「是否願意回饋股東」。

⑮有「增資」的風險嗎？

一旦公司進行「增資」[7]，其股票的總股數就會增加，每股盈餘就會減少，因此增資會導致股價下跌。

如果是成長性高的標的，例如新創公司[8]，增資的問題不大，但要特別注意的是，公司自有資本的比率愈低，增資的風險就愈高。

以上，就是這15個問題的概要。投資人在選股的時候，可以依序確認這些問題，遇到不符合標準的公司，就把它從候選標的中剔除。

方便掌握公司經營現況的管道

出處：日本豐田汽車

公司官方網站

・掌握公司的事業內容。
・掌握公司制度等內部情形。
➡問題①⑤⑩⑪⑭

公司年報

・掌握經營者的性格。
・掌握公司的最新消息與未來方針。
➡問題②⑥⑦⑧⑨⑬

出處：日本豐田汽車《2019年報》

出處：日本Yahoo新聞

新聞網站

・掌握公司的內幕。
・掌握公司的客觀評價。
➡問題③④⑫⑮

POINT

・好公司必須有穩定的營業收入，同時也會不惜投注心力在研究開發上。
・好公司會努力維持或改善營業利益率，且擁有優秀的經營者與勞動環境。

7 增資：公司為了籌措資金而發行新股，並接受投資人的出資。當公司在經營發展上有新的需求，例如：擴大經營規模、業務拓展、改善財務狀況，或是發展新事業，此時公司的資本就會隨著營運方向的變化而產生調整，因此當公司需要取得新的資金時，就會進行增資。直白地說，就是「公司伸手向股東要錢」，或是「公司拿股票來換鈔票」。

8 新創公司：憑藉獨家的技術或構想，推動嶄新服務或事業的公司。

買下時思糖果是「最夢幻的投資」

位於洛杉磯的「時思糖果」要出售了，你要買嗎？
咦～時思糖果嗎？
比爾・藍西
藍籌印花公司總經理

驗證「費雪理論」的最佳範例

１９７２年，巴菲特從波克夏旗下「藍籌印花公司」（Blue Chip Stamps Company）的董事藍西口中，得知位於洛杉磯的時思糖果正在出售的消息。

時思是一家糖果公司，１９２１年由來自加拿大的查爾斯・西（Charles See）、其妻佛蘿倫絲，及其母瑪麗等三個人創立，主要經營巧克力、堅果、水果等產品的製造與販賣。根據瑪麗設計的食譜製作出來的糖果，以「品質永不妥協」作為廣告標語，主打「時思品質」而風靡全加州。

優先考量一間公司未來的成長性

巴菲特收到時思欲出售的消息之後，便與當時負責管理藍籌公司的蒙格商量。結果蒙格也對這間加州首屈一指的優質公司很有興趣，於是他們便開始討論收購事宜。

只不過，當雙方走上談判桌時，時思提出的賣價高達3000萬美元，遠高於該公司500萬美元的資產。儘管如此，**巴菲特等人在經過商討之後，仍然認為時思這家公司就像是債券[9]一樣，具有2500萬美元的價值**——假設以這個價格收購時思的話，時思每年所創造的利潤，相當於每年能貢獻給波克夏的利息，平均是9％的收益率。但事實上，時思的獲利依然在持續成長中，因此如果把期待放在它未來的成長上，那它就如同利息會持續增加的債券一樣。

9 債券：國家或公司以籌集資金為目的所發行的有價證券。投資人買進債券以後，可在持有期間內獲得約定的利益。

品牌與知名度是支撐公司成長的動力

此外，巴菲特等人也著眼於一家公司的定價能力。由於時思主要是在自有店面販賣產品，因此對於商品價格擁有高度的決定權。實際上，像時思這樣的品牌力與知名度，即使稍微提高商品的價格，市場的需求還是不會改變。順利的話，9%的收益率應該會提高到14%才對。

只不過，沒有人能保證這筆關鍵的「利息」會持續增加，尤其是過去遵照「菸屁股理論」、重視安全性的巴菲特，一向習慣以便宜的價格買進平庸公司，因此對他來說，要接受對方開出的高價是會有所遲疑的。然而，時思確實是一間無庸置疑的優質公司，**不僅事業內容簡單明瞭、業績穩定，未來的成長性也值得期待**。

最後，巴菲特等人用2500萬美元與時思糖果簽約，在1972年透過藍籌公司完成這筆收購案。

當時，巧克力一年的銷售量大約是7711公噸，到了1984年已成長至1萬1340公噸，增加了將近50%。而現今，時思的全年營收已高達3億8000萬美元左右（根據2020年的資料）。換句話說，採用費雪式投資法的結果非常成功。

憑藉收購時思糖果的經驗，巴菲特提出了以「企業相關方針」（請參閱150頁）作為判斷一間公司的標準。在時思收購案中大獲成功的巴菲特，此後也依循這套方針進行積極的投資。

用「企業相關方針」篩選出投資標的

巴菲特以兩大投資大師的理論為基礎的選股法

在時思糖果的收購案上，巴菲特實踐的是「費雪理論」，並因此獲得巨大的投資成果。憑藉這次經驗，他以重視安全性的「葛拉漢理論」作為基礎，結合費雪重視公司內在的精神，提出自己獨特的方針：

巴菲特的「企業相關方針」

巴菲特以葛拉漢的「菸屁股理論」作為基礎，結合「費雪理論」，提出自己獨特的投資方針。

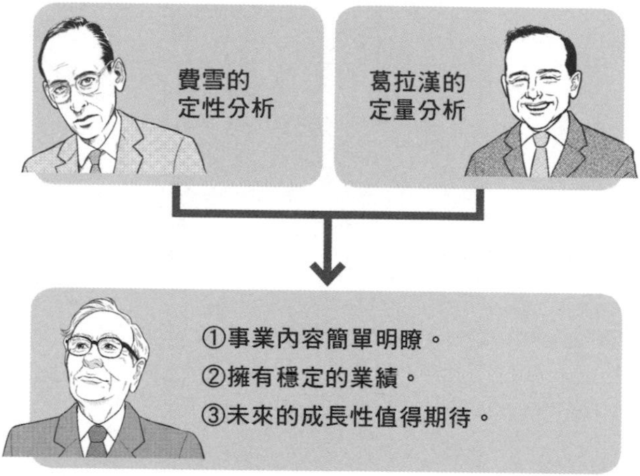
費雪的
定性分析
葛拉漢的
定量分析
①事業內容簡單明瞭。
②擁有穩定的業績。
③未來的成長性值得期待。

什麼是「能力圈」？

能力圈

只投資自己能理解其事業內容的公司，避開那些自己不懂的公司，即為「能力圈」的概念。

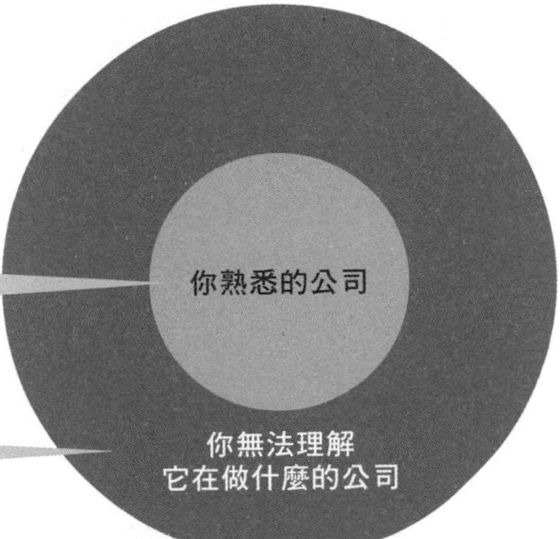
你熟悉的公司
你無法理解
它在做什麼的公司

安全地帶

投資自己熟悉的公司，失敗的機率較小，因為你能較準確地評估他們的事業內容或獲利能力。

危險地帶

在未充分理解一間公司的情形下做投資，很容易遭受失敗，因為你無法做出適當的評估。

①事業內容簡單明瞭。
②擁有穩定的業績。
③未來的成長性值得期待。

應該要投資具備這些特點的公司，就是巴菲特的見解。

避開自己不了解的公司或產業

首先，是投資「事業內容簡單明瞭」的公司。在參考費雪「應該集中投資那些自己熟悉的公司」的想法之後，巴菲特進一步提出「能力圈」的概念。

這個概念提倡的是，只投資那些

位於「安全地帶」的公司，也就是投資自己了解的公司；相反的，那些位於「危險地帶」的公司，則連碰都不該去碰。

巴菲特自1968年起，擔任格林內爾學院（Grinnell College）的董事，協助管理該校的基金超過四十年。有一次，某家半導體公司正要成立，要求巴菲特同意這個投資案，他雖然答應了，但卻堅決反對以他個人的名義去投資半導體公司。[10]原因就在於，他抱持著「不碰那些自己不理解的事物」的信念。反之，這回投資時思糖果的成功，則是因為該公司是巴菲特一向深感興趣的糖果公司。

近年來，實現「永續社會發展」已成為全球共通的話題，為此採取的行動也愈來愈多。此外，隨著次世代通訊技術「5G」備受關注，與新型冠狀病毒影響所樹立的「新生活模式」，市面上的產品與服務也不斷推陳出新，而相關的題材股自然會受到群眾關注，投資人因此也更容易受到周圍的影響，輕易地做出投資判斷。

不過，投資的結果，取決於投資人對公司的事業內容或收益來源的理解程度有多高。更何況，如果單純因為「感覺好像會成功」就貿然投資的話，你很有可能會買在最高點。因此，在面對自己不熟悉的領域或產業時，最好先做好功課，如果發現真的無法理解的話，就必須將它從你的候選標的中剔除，這才是比較明智的做法。

此外，雖然巴菲特有很長一段時間未投資科技股，但近年來也轉換了方向——他在2011年買進英特爾與IBM的股票，2016年則買進蘋果公司的股票（請參閱210頁）。

業績愈穩定的公司，就愈能因應未來的變局

第二個方針，是投資「擁有穩定業績」的公司。即使是最近幾年創造高額利潤的公司，但如果它過去有長期虧損的紀錄，代表它近期的成功有可能只是暫時性的，未來說不定會再次轉盈為虧。

比起那樣的公司，投資人應該要選擇**長期以來都沒有虧損，或者收益數字不會劇烈波動，而且持續提供相同產品或服務，以此創造良好業績的公司，這才是最安全的**

10 半導體龍頭英特爾（Intel）公司的創辦人羅伯特·諾伊斯（Robert Noyce）是格林內爾學院的校友，英特爾創立之初，他曾提供母校大筆的認股機會，該校因此獲利甚豐。

投資方式。從這一點來說，如果是老字號的企業，由於已經擁有因應時代變化的先例，因此當面對未來有可能發生的危機時，也具備能夠依循前例應變的能力。

話雖如此，這並非是否定新創公司的可能性。事實上，連長期以來都不碰新創公司的巴菲特，也在2020年投資了7000萬美元在數據服務公司雪花（Snowflake Inc.）身上。想必那是因為他相當看好該公司的成長性，更甚於對穩定性的擔憂。因此，當投資人面對基期較短、難以評估業績穩定性的新公司時，就必須把公司的「成長性」也納入考量，綜合判斷。

判斷公司未來是否也能像現在一樣持續成長

第三個方針，是投資「未來的成長性值得期待」的公司。即使股價便宜，或往年的業績很穩定，但如果無法預見未來的成長性，那麼就不適合長期投資。從這一點來說，時思糖果不僅有壓倒性的品牌力與知名度，還擁有強大的定價能力，因此可以預估旗下商品漲價後，能帶來進一步的收益成長。換句話說，就是它未來的成長性值得期待。

公司業績的穩定性

業績穩定的公司

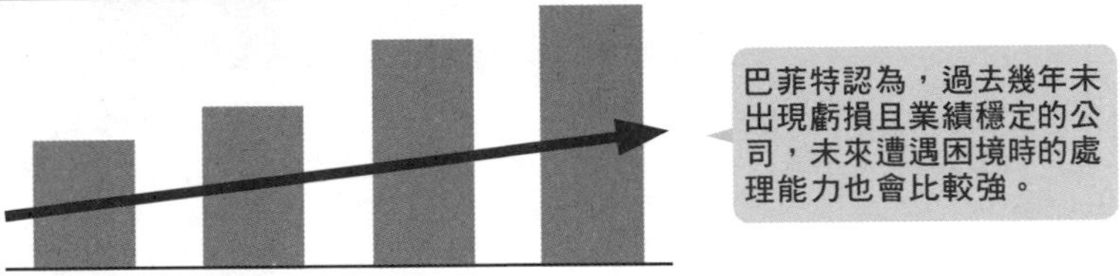
巴菲特認為，過去幾年未出現虧損且業績穩定的公司，未來遭遇困境時的處理能力也會比較強。

業績不穩定的公司

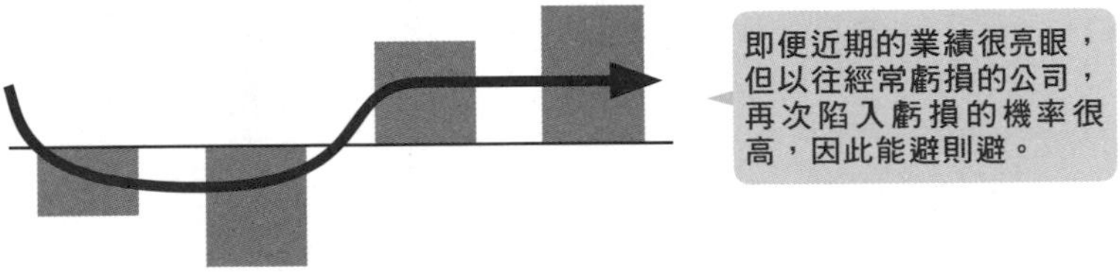
即便近期的業績很亮眼，但以往經常虧損的公司，再次陷入虧損的機率很高，因此能避則避。

此外，如果公司提供的是市場隨時都有需求，而且沒有替代品的商品或服務，那麼它未來的前景也會很樂觀。巴菲特在1988年買進可口可樂公司的股票，並不只是因為自己愛喝可樂而已，也是因為他看到該公司壓倒性的市占率與品牌力，讓他做出了「十年後、二十年後，消費者依然會持續飲用可口可樂」的判斷。

像這樣投資長年深受群眾喜愛，且相信未來也會持續受到喜愛的公司，在「讓營收持續成長的能力」與「創造利潤的能力」這兩點上，也與「費雪理論」是相符的。

時思糖果的營收變化

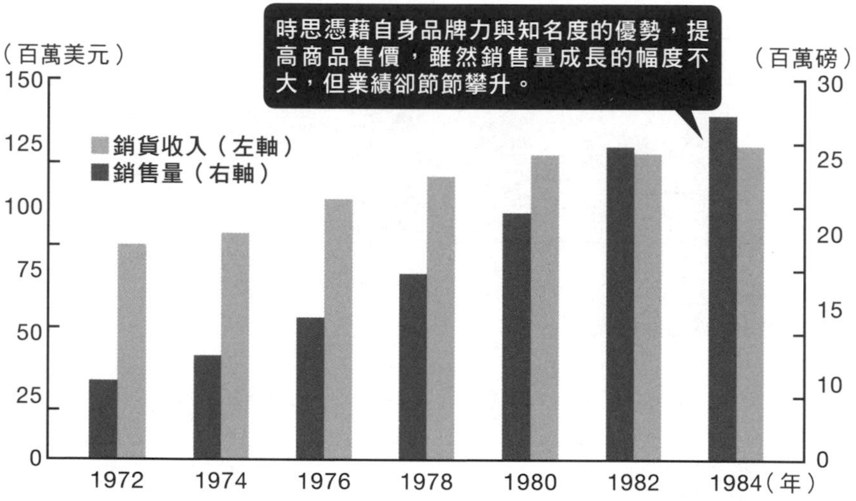
時思憑藉自身品牌力與知名度的優勢，提高商品售價，雖然銷售量成長的幅度不大，但業績卻節節攀升。
（百萬美元）
（百萬磅）
銷貨收入（左軸）
銷售量（右軸）
150
125
100
75
50
25
0
30
25
20
15
10
0
1972
1974
1976
1978
1980
1982
1984（年）

※1磅＝約0.000454公噸

出處：巴菲特〈致波克夏．海瑟威股東信〉

前述這些較抽象的內容，乍看之下或許有點不容易理解，因此在實際根據公司的穩定性、成長性去做投資評估時，建議要一併考量前文提及的「財報閱讀方法」（請參閱84頁），以及「費雪理論」的概念（請參閱138頁）。

POINT

- 要投資自己熟悉的公司或產業。
- 獲利穩定的公司比較有能力因應困境。
- 具有品牌力或知名度的公司，實力會更雄厚。

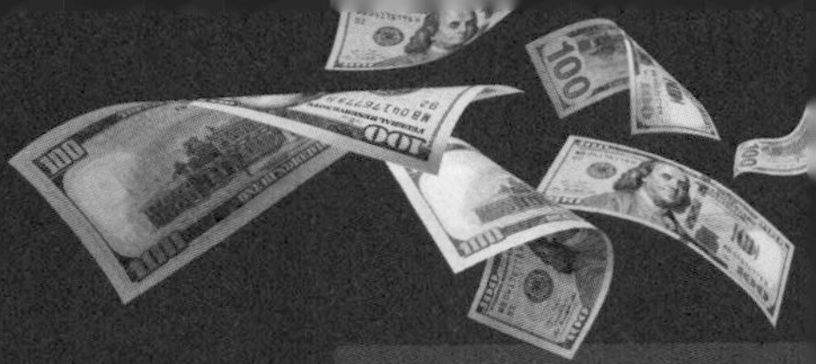

PART

4

全盛期

波克夏的經營及它跟關係企業的往來

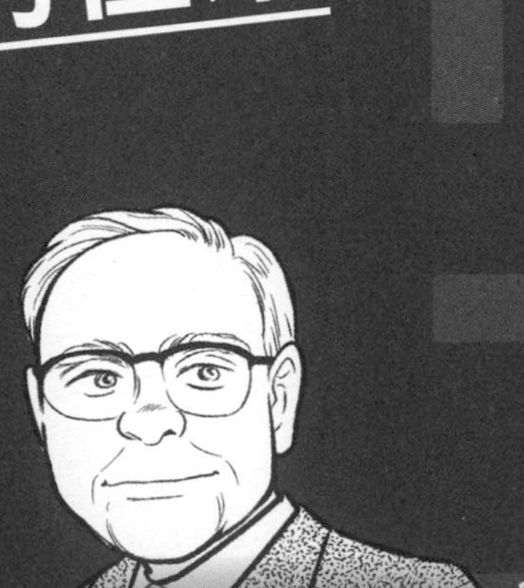

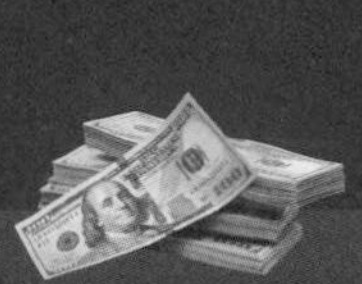

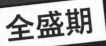

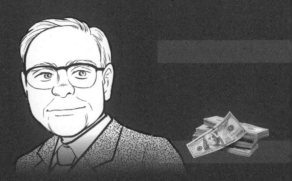

巴菲特的格言
Buffett's words

「要建立信用最少得花20年的時間，但毀掉它只要短短5分鐘。」

——1990年前後，巴菲特對兒女說的話

比起利潤，「信用」才是第一優先

關於名聲及信用的脆弱程度，巴菲特不斷對兒女耳提面命的，就是右邊這句話。

不過，這句話的原型，其實出自一名在奧馬哈發跡致富的砌磚師傅——彼得·奇威特（Peter Kiewit）之口，他說：「信用就像是精緻的瓷器一樣，買的時候很貴，但卻很容易輕易破碎。」

彼得創立的奇威特公司，曾是巴菲特口中「全美國收益性最高的建設公司」。每當彼得要做出跟道德問題有關的決策時，他總是會以「即使這會讓我出現在明天的早報上也沒問題嗎？」作為思考基準，換言之，他非常注重社會觀感。據說在彼得的信念影響之下，巴菲特對自己的名聲與信用也始終謹慎以對。

名聲與信用，必須花費很長的時間才能建立起來，但只需要一次違背信譽的行為就會毀於一旦。不僅個人的名聲與信用是如此，在公司的經營上也不例外。換句話說，**公司應該要視為第一要務的，並不是「創造利潤」，而是要「遵守與顧客的約定」，避免傷害公司的信用。**

1991年的所羅門兄弟公司違法交易事件[1]，就讓巴菲特親身體會到這件事。

1 所羅門兄弟（Salomon Brothers）：美國大型投資銀行暨證券公司。1997年被旅行者集團（Travelers Group）併購，與美邦（Smith Barney）合併。

捲入所羅門兄弟醜聞案的巴菲特

當時，著名投資銀行所羅門兄弟，在投標國債時的違規之舉被人發現。[2]明知此事卻刻意隱瞞的董事長約翰．古弗蘭（John Gutfreund）遭到解雇，該公司也被政府禁止交易國債，深陷危機之中。

不過，考量到所羅門兄弟公司破產會對華爾街帶來的影響，巴菲特決定親自出任該公司的臨時執行長，解決這個燙手山芋。此時的巴菲特已經年屆六十，他除了向時任美國財政部長尼古拉斯．布雷迪（Nicholas Brady）請願，最終成功解除了停止交易命令，他還在記者會上徹底揭露相關資訊，對法律上的問題也積極處理。後來，巴菲特試圖改善公司體質與恢復信譽的努力奏效了，事態終於在這樁醜聞爆發後的隔年平息下來。

如果這個行動失敗的話，恐怕連巴菲特自己也會信用掃地。不過，即便受到眾多批評依舊站上前線的他，因為拯救了走投無路的所羅門兄弟公司，反而為自己贏得更好的信用與名聲。

連所羅門兄弟這樣的大企業都會在瞬間失去信用，這次的事件令巴菲特深刻感受到信用的脆弱。

他在某場記者會上公開表示：「**不小心失誤還有同情的餘地，但若是損及公司的信譽，那就無法原諒了。**」這也是他如今在經營波克夏時，不斷灌輸給旗下關係企業的觀念。不知道是不是因為這樣，據說在巴菲特底下工作的經營者，每一位都是道德觀強烈、誠實又正直的人。

2 美國財政部為了防止有人壟斷國債市場，規定在新國債投標時，每家銀行不可購買其發行量的35％以上。但所羅門兄弟公司的交易員莫澤（Paul Mozer）卻違規操作，動用公司及客戶帳戶的資金假裝投標，在標到國債後，直接轉入公司，客戶卻毫不知情。

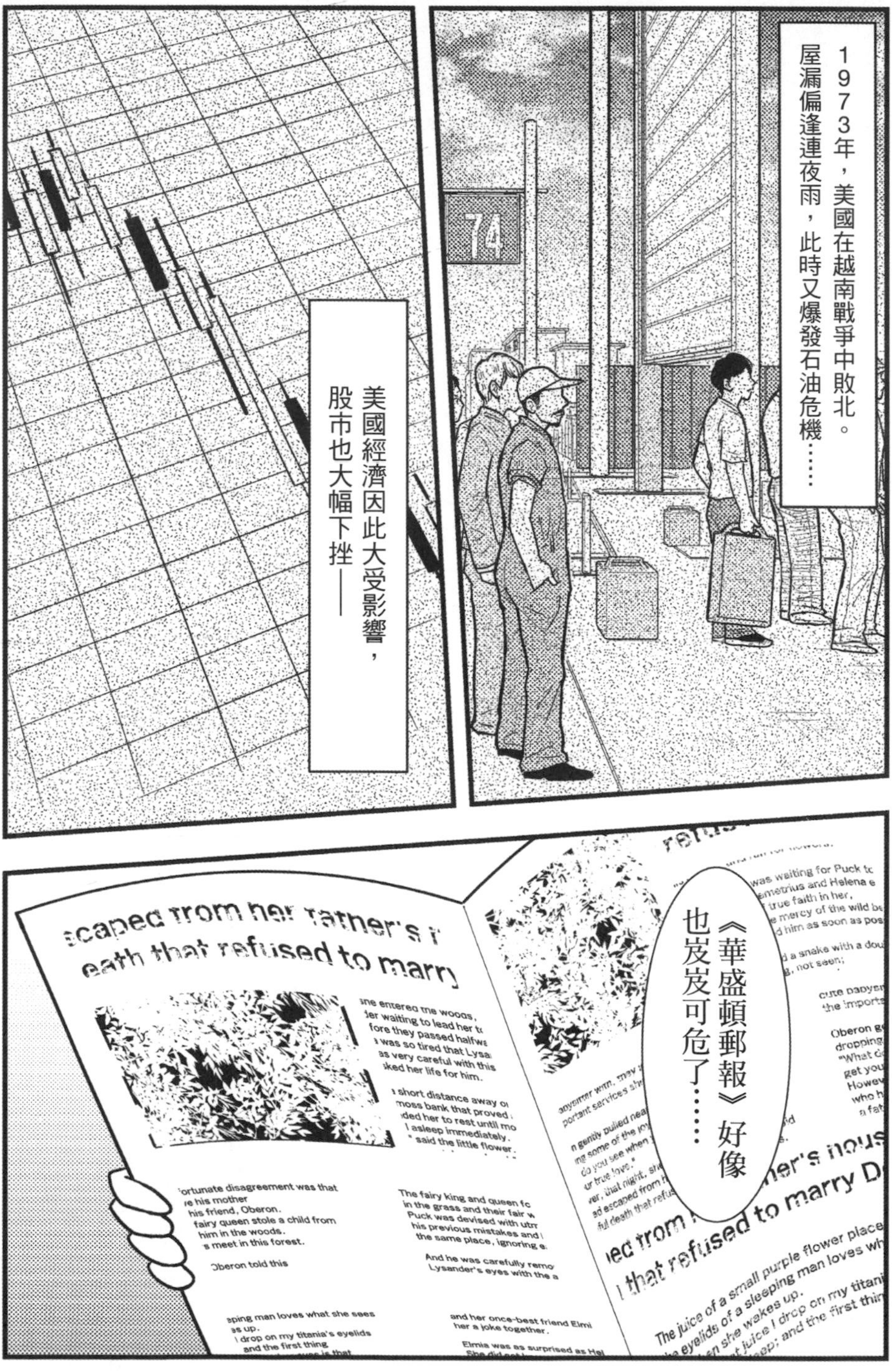
1973年，美國在越南戰爭中敗北。
屋漏偏逢連夜雨，此時又爆發石油危機……
74
美國經濟因此大受影響，
股市也大幅下挫——
《華盛頓郵報》好像
也岌岌可危了……

※迫使尼克森總統辭職下台的政治醜聞。
自從報導「水門案」※以來，它的股價好像就一直跌跌不休，
看來可能受到政府的壓力吧。
正好它前幾天的股價跌到16美元。
……
怎麼感覺你好像有點開心？
查理・蒙格
你學生時期不是有送過他們家的報紙嗎？難道你都無動於衷？
怎麼可能呢？況且我現在已經是他們的股東了。
你買了《華盛頓郵報》的股票!?
那你不是更該擔心股價下跌嗎……

你還記得我們跟《華盛頓郵報》發行人見面的事嗎？
喔——你說凱瑟琳嗎？
沒錯！應該是三年前吧！
她是一位非常真誠又有能力的女性。
凱瑟琳·葛蘭姆
《華盛頓郵報》社長
我買了貴公司的股票，但您不需要擔心，所有權與經營權都會交給葛蘭姆家族。
也是一位可以信任的優秀經營者。
好啦，既然股價下跌了……
那麼我就趁現在逢低加碼吧！
如同巴菲特所預期的，凱瑟琳是很有能力的經營者。
她有時會與巴菲特針對公司經營交換意見，讓《華盛頓郵報》的業績在轉眼間起死回生。

1976年
蓋可公司股東大會
——在此向各位報告，關於去年的財報，因為前述內容而產生虧損……
!?
——插播一則最新消息！
大型汽車保險公司蓋可公布上一年度的財報，總共虧損1億2600萬美元……
因此——
停止發配股利是什麼意思！
出來把事情說清楚啊！
吵 吵
就算讓拜恩擔任新的執行長也不會有任何改變吧！
這樣真的就能讓公司重振旗鼓嗎？

蓋可已經沒有可以稱得上是「獨特魅力」的強項，
足以支撐公司經營了！
蓋可能否重建……關鍵在於經營者的手腕！
此時必須要有一位優秀又強而有力的經營者才行……！
蓋可今後能不能重新站起來，全看經營者的手腕。
咕嚕……
傑克·拜恩
蓋可公司 新任執行長
從美國最大保險公司「旅行者」離職後，被拔擢為負責挽救蓋可危機的執行長。
您非常了解保險，也有很好的分析能力——
我相信您有這個能力。
400萬美元……

※剖析當時股市的書籍，銷量突破100萬本。

1979年
查理・蒙格就任波克夏・海瑟威的副董事長。
巴菲特與蒙格在工作上成了名符其實的夥伴。
然而……
紡織部門是公司的累贅啊……
纖維製品在國外製造比較便宜，
所以國產品的營收持續遞減。
尤其近十年來已嚴重威脅到財務狀況……
真是讓人傷透腦筋啊！
啪嗒

1981年
波克夏的紡織事業虧損總計已達到270萬美元。
不能再投入新的資金來重整了嗎？
抱歉……沒辦法再投入更多錢了！
紡織部門的業績不振，連帶也吞噬掉其他部門的資本。
後來連保險事業也面臨銷售不振。
迫切的狀況遲遲無法解決，最後，陷入了虧損高達1000萬美元的悲慘狀況中。
連巴菲特都曾將這種慘烈的財務狀況形容為——
「紡織部門在一年之中大概只有10分鐘能創造利益而已。」

1985年
非請勿入
有將近400名員工希望我們可以繼續雇用他們，但是……
除了裁員，恐怕別無他法。

※旗下掌管多家子公司。

從今以後——波克夏・海瑟威將改頭換面了。
我們要東山再起，全心經營投資公司！
為了一雪前恥，波克夏公司努力奮鬥著。
從那時開始，它以一家控股公司※之姿，業績持續成長。

1991年，「巴菲特」這個大名，在政商界已無人不知、無人不曉。
嘟
嚕嚕嚕嚕
您好，我是華倫・巴菲特。
大事不好了！你趕快過來一趟！
……
你要去哪裡？
我剛接到所羅門兄弟的古弗蘭來電……
好像發生了什麼嚴重的事！
古弗蘭之前曾經幫助我拯救蓋可，
如果所羅門兄弟發生什麼事的話，我也想幫他一把…！
飛奔
喂…！

1991年10月
所羅門兄弟公司的交易員保羅・莫澤
擅自用客戶名義競買美國國債的醜聞案爆發。
不僅如此，董事長古弗蘭持續隱瞞監管當局一事，也遭到揭發。
喀嚓
喀嚓
喀嚓
喀嚓
湯姆斯・史特勞斯
所羅門兄弟 總經理
這次的醜聞事件，引起群眾強烈的反感，幾乎動搖整個社會……
The fairy king and queen found lovers sleeping
in the grass and their fair women not far from each other.
Puck was devised with utmost diligence to correct
his previous mistakes and bring them all to
the same place, ignoring each other.

當時巴菲特對所羅門兄弟的投資金額是7億美元。
他與蒙格一同加入了該公司的董事會。
這是我第一次背上債務……而且還高達1500億美元※！
我們最好要做好心理準備。
就算是你，對這次的事也……
…
——接著播報下一則新聞……

※意指該公司的債務總額。

有鑑於所羅門兄弟的違法交易事件……
財政部決定下令禁止所羅門兄弟交易國債……
該公司的董事長古弗蘭、總經理史特勞斯……
還有法律顧問等人已宣布辭去職務——
……事情不可能就這樣落幕。
像所羅門兄弟這樣的大企業如果倒閉，整個華爾街都會受到嚴重的打擊……
我必須出手才行！
各位媒體記者朋友，謝謝你們撥冗出席今天的記者會……

我是出任所羅門兄弟臨時執行長的——
華倫・巴菲特！
喀嚓
喀嚓
喀嚓
喀嚓
關於這次的醜聞事件，我會盡快釐清事情的真相，今後也會在遵守法令的前提下，率領公司重回正軌……
喀嚓
喀嚓
我必須想辦法做些事情來守住所羅門才行……！
於是，巴菲特直接致電財政部長，
拜託他解除停止交易的命令。
基於「是巴菲特出面收拾殘局」這樣的理由，對方也接受了他的遊說。
對於法律上的問題，巴菲特也積極地處理。
最後，以所羅門支付2億9000萬美元的罰金讓這件醜聞劃下句點。

精準判斷公司經營者的能力高低

買進《華盛頓郵報》的股票

1973年的第一次石油危機爆發時，越南戰爭正陷入泥沼中，對美國經濟造成嚴重影響。這件事也造成道瓊工業指數大幅下跌，從當時的高點下跌45%，直到1982年才開始由跌轉漲。然而，就在整**個市場氣氛低迷之際，巴菲特抓準時機出手投資**。他買進的標的之一，就是他早年打工送報的《華盛頓郵報》。

當時，《華盛頓郵報》的股價從38美元跌到16美元，原因在於1972年6月的

時候，爆發了迫使尼克森總統辭職下台的「水門案」[3]。針對這起事件，《華盛頓郵報》的兩名年輕記者窮追不捨，結果導致報社遭到政府施壓，股東們為了迴避風險而紛紛拋售持股。

最後，與該報約8000萬美元的市值相比，它的資產卻高達4億美元以上，股價變得異常便宜。於是巴菲特從1973年開始，便陸續買進該公司的股票。

將公司經營交給可以信任的專業經理人

巴菲特對《華盛頓郵報》的持股率達到10%，投入的資金累計約1000萬美元。

另一方面，雖然巴菲特買進的是「無表決權股票」，不能在股東大會上表達對公司議題的贊成與否，但是為了保險起見，他還是寫了一封信給《華盛頓郵報》的經營

3 水門案：1972年位於華盛頓特區水門大廈的民主黨總部遭人侵入的竊聽事件，尼克森及其內閣試圖掩蓋真相並阻撓國會調查，後續演變為一連串政治醜聞。

者凱瑟琳・葛蘭姆（Katharine Graham）[4]，說明自己的目的並不是為了併購，他寫道：「雖然我買進了貴公司的股票，但您不需要擔心，公司的所有權與經營權一如既往，都歸葛蘭姆家族所有。」他也針對連日來的騷動，對凱瑟琳的決策表示讚揚。

凱瑟琳讀了這封信以後，雖然並未不悅，但她對公司是否會被接管一事依然感到很不安。當時她雖然已接替亡夫，掌握了報社的實質支配權，但多少失去了「在當時由男性主宰的報業中打滾」的信心。不過，**由於她以股東為導向、徹底揭露公司資訊等的經營方式，符合經營相關的三大方針（請參閱180頁），顯示她是一位有能力**的經營者，因此巴菲特對她有著高度評價。

以獨立董事身分輔佐經營者

凱瑟琳在與巴菲特碰面之初，一開始還有點戒慎恐懼，但隨著交流的次數增加，他們之間的關係變得很融洽，她甚至開始找巴菲特商量公司經營管理的問題。隨後，**巴菲特在1974年答應出任《華盛頓郵報》的獨立董事**。

那一年，該公司的股價持續下探至12美元，但巴菲特一點也不在意，因為他很久以前就想擁有一間媒體公司，更重要的是，「他信任凱瑟琳的管理」，所以他從未考慮過投資失利的可能性。

正如巴菲特所料，他在1985年對《華盛頓郵報》約1000萬美元的初始投資，後來上漲到約2億美元。雖然他在2011年辭去該報董事的職位，但至今他依然持有該報的股票，且從未賣出。

4 美國知名報人，被譽為全世界最有影響力的女人。在接手《華盛頓郵報》之後，帶領公司度過1970至1980年代的越戰、女權運動、罷工潮及水門案等危機事件，影響政策及輿論深遠。

從「經營者」就能看出一間公司是否值得投資

判斷經營者能力的3大指標

巴菲特之所以會在市場氣氛低迷時買進《華盛頓郵報》的股票，是因為他對該報的經營者凱瑟琳充滿信心。他在評價一間公司的經營者時，相當重視以下三大指標，分別是：

①能進行合理的資本配置。

巴菲特觀察經營者的3大指標

1 **進行合理的資本配置**
當公司有賺錢時，能視公司經營狀況做適當的配置，例如發放股利或實施庫藏股等。

2 **積極揭露公司資訊**
不只揭露好消息，連壞消息也要據實以告。

3 **不模仿其他公司的經營方針**
採用獨有的經營方針，而不是複製其他公司的做法，甚至固守成規。

什麼是合理的資本配置？

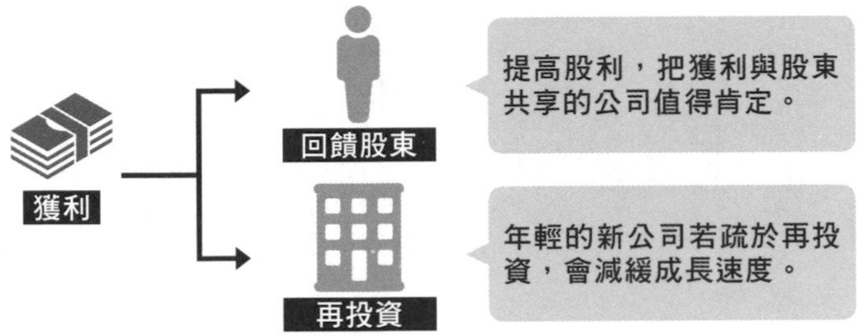
獲利
回饋股東
提高股利，把獲利與股東共享的公司值得肯定。
再投資
年輕的新公司若疏於再投資，會減緩成長速度。

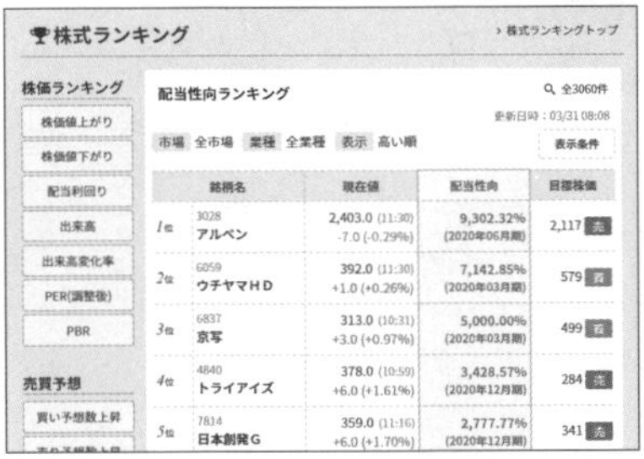

株式ランキング
› 株式ランキングトップ

株価ランキング
株価値上がり
株価値下がり
配当利回り
出来高
出来高変化率
PER(調整後)
PBR

売買予想
買い予想数上昇

配当性向ランキング
全3060件
更新日時：03/31 08:08
市場 全市場 業種 全業種 表示 高い順
表示条件

	銘柄名	現在値	配当性向	目標株価
1位	3028 アルペン	2,403.0 (11:30) -7.0 (-0.29%)	9,302.32% (2020年06月期)	2,117
2位	6059 ウチヤマHD	392.0 (11:30) +1.0 (+0.26%)	7,142.85% (2020年03月期)	579
3位	6837 京写	313.0 (10:31) +3.0 (+0.97%)	5,000.00% (2020年03月期)	499
4位	4840 トライアイズ	378.0 (10:59) +6.0 (+1.61%)	3,428.57% (2020年12月期)	284
5位	7814 日本創発G	359.0 (11:16) +6.0 (+1.70%)	2,777.77% (2020年12月期)	341

資料來源：大家的股票

配息率

即公司年度盈餘中發放股息的比率，通常愈高愈好，但若持續處於極端高配息的狀態，也有壓迫到經營的風險。

② 能誠實面對股東。

③ 擁有不受外部力量影響的遠見。

這三大方針是經營者必須遵守的原則，若從投資人的角度來看，只要選擇懂得掌握這三點的經營者所掌舵的公司去投資即可。

① 能進行合理的資本配置

經營者在公司有賺錢的時候，必須要能根據經營狀況，判斷獲利的部位是要用來再投資，或是把錢發還給股東。如果無法期待再投資能獲得一定程度效果的話，那麼**最好以分配股**

利或以買回庫藏股[5]的方式，將獲利回饋給股東。

另一方面，投資人必須懂得分辨，一家公司的經營者是否有進行合理的資本配置。一般來說，日本企業的現金殖利率都偏低，但是當公司有賺錢的時候，願意提高股利、把獲利回饋給股東的公司，都應該是值得讚賞的。

同時，投資人也必須確認，經營者有沒有為了公司日後的成長而進行投資。特別是對年輕的公司來說，如果只是發股利而疏於再投資的話，公司整體的成長速度恐怕也會相對減緩。從長期來看，這也很難稱得上是一間能持續回饋給股東的好公司。

正因如此，投資人應該要選擇一家能夠根據實際經營狀況，對資本配置做出明智決策的公司。

②能誠實面對股東

無論是好消息或壞消息，經營者都應該要據實以告。經營者必須誠信正直，揭露那些不利於公司的消息，否則就無法得到股東的信任。

而對投資人來說，則必須要能判斷一間公司的經營者有沒有積極地揭露資訊。

「合規」（Compliance）[6]已成為當前的熱門議題，社會監督公司舞弊或醜聞的眼光也愈來愈嚴厲。若要等到有什麼事情爆發再來檢討就太遲了，一旦失去顧客的信任，公司存續也會變得岌岌可危。

身為投資人，要避免遭遇類似事態而蒙受巨大損失，就應該要投資那些平時積極在揭露資訊的公司。

大多數的公司都有發行揭露公開資訊的年報，投資人必須詳加閱讀以掌握公司的概況（請參閱190頁）。**重點在於，在那些資料上有沒有記載著對公司不利的消息。**若有，代表該公司在經營上有一定的透明度，可以視為是一個能放心投資的指標。

③擁有不受外部力量影響的遠見

經營者在面對眾多競爭企業，也就是競爭者眾的狀態時，不可以模仿其他競爭對

---

5 庫藏股：即由公司出錢，買回在市場上流通的普通股。由於市場上的股數減少了，因此實施庫藏股會刺激股價上漲。
6 合規：又稱「法令遵循」，即公司確實遵守法律或內部規範等規則。

手的做法，也不能固守成規。此外，即使手邊有多餘的資金，也不能任意制定缺乏遠見的計畫。

另一方面，身為投資人，你應該選擇那些不模仿其他公司經營模式的公司去投資。在競爭者眾的狀態下，能否貫徹自己的路線而不隨波逐流，是很重要的關鍵，沒有自己的路線，就表示沒有其他值得自豪的強項——這就是巴菲特口中缺乏「持續性競爭優勢」（請參閱84頁）的公司，所以應該要排除在你的投資標的之外。

參與股東大會與經營者當面交流

如果你想實際了解經營者的想法，參加一間公司的股東大會也是一個方式。基本上，持有超過1股（在日本為100股）股票的投資人，就擁有參加股東大會的權利。

股東大會一般都會安排股東向經營者提問的時間，這也是投資人能直接聽取經營者發言的機會。因此，如果有令你感到好奇的公司，先持有它的股票，再參加它的股東大會，也是一個可行的評估方法。

掌握公司情報的「公開資訊」

「日本生命」保險公司
的公開資訊

資料來源：日本生命官網《統合報告書》（https://www.nissay.co.jp/kaisha/annai/gyoseki/disclosure_r2.html）

內容

- 事業概要
- 公司治理、內部控制機制
- 經營基礎
- 公司數據
- 公司資訊
- 財務資訊

……等等

↓

無論好消息或壞消息都一併揭露的公司，才稱得上是具有透明度的誠信企業。

最重視上述方針的巴菲特，慧眼看出內布拉斯加家具商城（Nebraska Furniture Mart）的羅絲・布魯金（Rose Blumkin）、全國產物保險公司（National Indemnity）的傑克・林華德（Jack Ringwalt）等經營者的能力，並透過後續的收購或投資，創造出龐大的獲利。

POINT

- 好公司會透過發放股利等方式，做合理的資本配置。
- 好公司會積極地揭露資訊。
- 好公司會貫徹自己獨有的經營方針。

從年報中嗅出蓋可公司的危機

蓋可公司陷入經營危機

1976年，蓋可前一年度的財報虧損1億2600萬美元（約相當於現在的607億日圓）一事已成定局，在停發股利的消息宣布後，該公司的股價從61美元暴跌至2美元。蓋可自1936年成立四十年來，賣出了無數的保險契約，但錯估原始成本一事，卻成為它經營惡化的導火線。

關於蓋可這間公司，打從巴菲特在學生時代硬闖它的辦公室、受到當時的副總經理戴維森親切相待以來，他就持之以恆地閱讀及追蹤他們的年報。巴菲特早在

足以支撐公司經營了！
蓋可能否重建……關鍵在於經營者的手腕！
此時必須要有一位優秀又強而有力的經營者才行…！

1976年蓋可公布財報前就意識到這個危機，於是便親自拜訪當時的執行長兼友人諾曼・紀登（Norman Gidden），但對方完全不讓他有對公司經營方針表達任何意見的機會。

投資一間公司，就是投資它的「經營者」

後來，為了拯救陷入經營危機的蓋可，被拔擢為新任執行長、取代紀登的人，就是傑克・拜恩（Jack Byrne）。原先任職於大型保險公司的拜恩，在就任蓋可執行長之後便四處拜訪客戶，希望能調漲保險費，但沒有任何人答應他的請求。

巴菲特自己也認為，蓋可已經沒有足以支撐經營的強項，**能夠重建這一切的關鍵，就只剩下優秀又強而有力的經營者這個選項**。於是，為了認識新任執行長拜恩這號人物，巴菲特約了拜恩見面，兩人針對蓋可未來的方向，談論了數個小時之久。

多年之後，巴菲特對拜恩做出了這樣的評價：「拜恩非常了解保險，而且具備分析能力。他不僅領導力強，還擅長銷售……放眼全國，你找不到比他更優秀的指揮官。」就是這樣的信任，讓巴菲特掏出了400萬美元，押寶蓋可公司的股票。

出手拯救瀕臨破產的蓋可公司

拜恩參酌了巴菲特的建議，汰換了導致公司經營惡化的團隊，接著，為了籌措資金，他四處尋找願意幫忙公開發行「可轉換特別股」[7]的投資銀行，但沒有銀行肯碰蓋可這個燙手山芋。唯一一根救命的稻草，就只剩下所羅門兄弟公司。

當拜恩來到所羅門兄弟的辦公室時，董事長古弗蘭一開口就不留情面地說：「有誰會買那種愚蠢的東西？」但拜恩毫不畏懼地據理力爭，也把巴菲特出錢投資蓋可一事告訴古弗蘭。當時，有一本名為《超級貨幣》的暢銷書中提及了巴菲特的大名，這讓巴菲特成為投資界中的超級巨星。拜恩這招果然奏效了，古弗蘭的態度因此一百八十度大轉彎，立即說道：「發行特別股的事就交給我們來辦！」蓋可因此得以發行7600萬美元的可轉換特別股。

當這些股票實際公開發行的時候，**巴菲特出手相救蓋可的消息已傳遍市場，因此出乎意料的，應募數量遠超過上限**。此外，還有二十七家保險公司表示願意承接蓋可部分的契約。

之後的幾個星期，蓋可的股價已上漲到8美元左右，隔年的業績轉虧為盈，公司也恢復了信用。巴菲特一躍成為蓋可的救世主。

7 可轉換特別股：可在股東要求下，轉換為一般投資人所交易的「普通股」的證券。適合新股的募集。

如何實踐巴菲特雪球投資術？

即使手上沒有持股，也要持續追蹤有潛力的公司

巴菲特與蓋可公司

1950 學生時期的巴菲特親自造訪蓋可，受到副總經理戴維森親切相待。

↓

此後，持續追蹤蓋可的動向長達二十年以上。

↓

1976 蓋可公布前一年度的財報，總計虧損1億2600萬美元。

↓

在與新任執行長拜恩碰面之後，巴菲特出手投資400萬美元，協助蓋可度過破產危機。

緊盯感興趣的公司動向

巴菲特曾在學生時代，買進由恩師葛拉漢擔任董事長的蓋可公司股票，雖然他很快就賣出了，但他從未忘記這家好公司，而是持續追蹤它長達二十年，尋找適當的投資機會。正因為如此，他才能夠在蓋可面臨破產危機時，第一時間就注意到這件事，

公司年報的內容

在「三菱商事」官網上「投資人訊息」的連結，可以找到該公司年報的資訊。

三菱商事的年報（目次）

出處：三菱商事「統計報告書2020」

01 三菱商事追求的目標
包括公司理念、下一年度的經營方針及經營者的話等願景。

02 三菱商事創造的價值
包括公司的強項、挑戰的課題、員工培訓及研修制度等事業的組織架構。

03 公司治理
包括作為經營基礎的治理方針和體制等等資訊。

04 參考資訊
包括組織架構圖、財務摘要、事業活動的報告等等資訊。

進而做出投資判斷。

像這樣，即使你手上沒有持股，或已經將某家公司排除在投資標的之外，但為了不錯過絕佳的投資機會，你也必須經常關注它的最新動向。

從年報判斷一間公司的成長性

巴菲特會定期確認的資料，就是公司的年報。所謂的年報，就是公司以投資人或金融機構為對象所編製的報告書，從資訊揭露的觀點，刊載每個事業年度的活動內容和業績成果。

相較於同樣也彙整了類似資訊的「結算快報」或「有價證券報告

書」，由於年報並無固定的形式，因此內容的自由度更高，也更容易顯示出公司的個性。年報的另一個優點是，對長期投資來說至關重要的公司願景、經營策略、員工狀況等「無形資產」（請參閱128頁），也可以在年報中一覽無遺。

雖然年報的內容因不同的公司而異，但這裡就以「三菱商事」這間公司的年報為例（請見上一頁的圖）。

你可以看到該公司年報的主要架構有三個大項，分別是「三菱商事追求的目標」、「三菱商事創造的價值」，以及「公司治理」，往下則可進一步分出「董事長的話」、「組織結構圖」和「公司資訊」等數個細項。

鎖定年報上的5大項目

雖然年報中記載著五花八門的資訊，是巴菲特每年會定期閱讀的資料，但若是漫無目的的瀏覽，你是看不出門道的。因此，這裡就來介紹投資人必須聚焦的5個重點項目。

觀察年報中的5大重點項目

1 總經理的話
檢視經營者對公司是否有長期的展望。

2 公司概要
了解公司沿革、組織架構，乃至規模及定位。

3 主要事業
確認公司對其產品或服務是否有具體的描述。

4 資產與債務的變動
可以概括掌握公司近期的營業收入或現金流量變化等財務狀況。

5 經營團隊介紹
可以了解「經營團隊的想法」這種光看數字無從得知的重要資訊。

①總經理（董事長）的話。
②公司概要。
③主要事業。
④資產與債務的變動。
⑤經營團隊介紹。

關於①「總經理（董事長）的話」：年報的開頭，大多會刊載公司經營者[8]的話，內容會談到今後的經營策略，仔細分辨那是「短期預估」，還是「長期展望」相當重要。

8 一般是指以董事長為首的董事會成員，此處包含總經理與副總經理等等。

③④年報的「事業內容」

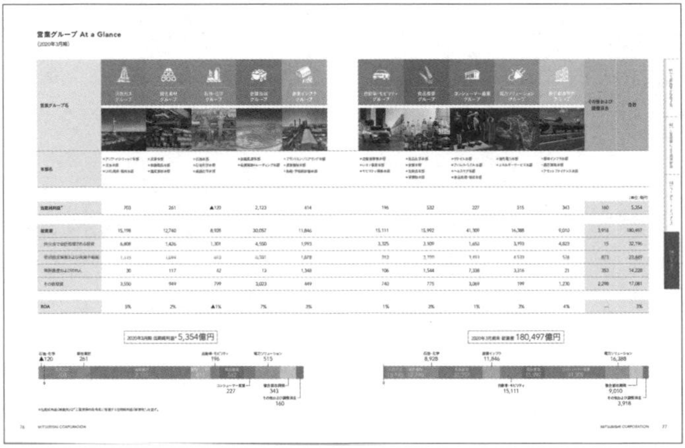

由此可得知三菱商事的事業分成「天然氣」、「綜合素材」等十個事業群（部門）。此外，也列出了每個事業群的本期淨利與總資產。

出處：三菱商事《統合報告書2020》

關於②「公司概要」：年報上大多會刊載一家公司的沿革，若是集團企業[9]的話，還會列出母公司與關係企業的一覽表，或者用圖示加以介紹。這裡要讀取的重點是，要了解公司的規模或它在整個集團中的定位。

比方說，如果母公司是大型企業的話，就會比較令人放心，因為公司能獲得的資金支援愈多，破產的風險就會愈低。此外，如果能受惠於與母公司合作大型專案的機會，對提升業績也會有所助益。

關於③「主要事業」：最重要的是確認這家公司究竟提供什麼樣的產

⑤年報的「經營團隊介紹」

以附上照片的形式，介紹三菱商事董事與監察人的姓名、資歷，能藉此掌握經營團隊的年齡層與男女比例等資訊。

出處：三菱商事《統合報告書2020》

品或服務。投資人必須將那些對自家產品語焉不詳、沒有具體描述的公司排除在投資標的之外。

關於④「資產與債務的變動」：雖然投資人最好是直接閱讀公司的財務報表（請參閱84頁），但年報上大多會附上淺顯易懂的圖表，投資人可藉此快速掌握公司的財務狀況。

關於⑤「經營團隊介紹」：這個部分亦是年報的優點之一，因為光是看「決算報告」上的數字，並無法得

9 集團企業：意指在資本上有母、子公司關係的多家企業。由母公司與關係企業所組成。

知這家公司究竟是哪些人在掌舵。投資人或許有比較多的機會能透過媒體了解公司總經理的想法，但對其他經營團隊的成員卻往往一無所知。如果能掌握公司還有哪些優秀人才的話，在做投資決策時也能多一項參考依據。

即使是一度排除在投資標的之外的公司，只要業績好轉，且未來前景看好的話，即可考慮投資；反之，即使是以往沒有關注，看了年報才產生興趣的公司，如果現階段無法預估其未來發展性的話，也能將它排除在投資標的之外。

無論是何種情況，只要定期檢視公司年報與財務報表，一旦機會來臨時，投資人就不會輕易錯失。

POINT

- **年報能顯示出一間公司的個性。**
- **閱讀年報必須有目的性。**
- **即便沒有持股，確認一間公司的年報也是必須的。**

PART

5

老年期

年屆90 仍在第一線 持續投資的巴菲特

「在別人貪婪的時候我們要恐懼，相反的，在別人恐懼的時候我們要貪婪！」

——摘自1986年〈致波克夏・海瑟威股東信〉

不受市場情緒影響的投資家

巴菲特在距今近四十年前的1986年，說出了標題中的這句至理名言。

當時，巴菲特將周遭投資人的貪婪心理，比喻為一種傳染病，他說：「這種傳染病在投資圈中會不時爆發，而且無法預測什麼時候會造成大流行，而後續造成的市場異常現象同樣也無法預測。」

1999年發生的「網路泡沫」（Dot-com Bubble）[1]，就可看出巴菲特如何身體力行「在別人貪婪時恐懼」這句話。

當時，全球的科技產業急速發展，以美國為中心的科技股狂飆猛漲，股價完全看不到天花板。**即便是在這種情況下，巴菲特還是對IT[2]相關公司敬而遠之**，這使他被當時的媒體揶揄為是「跟不上時代的投資家」。

然而，股市在2000年3月觸頂，IT相關公司在美國股市掛牌上市的熱潮宣告終結，泡沫就此破滅。先前瘋狂買進科技股的投資人因此遭受巨額損失，而謹守自己投資原則的巴菲特幾乎毫髮無傷，他用實際的行動，證明自己的看法是對的。

1 泡沫：意指資產價格急速飆漲，形容景氣繁榮暢旺的社會現象。

2 IT：處理電腦、網路等數據通訊領域的技術。從1990年代開始急速發展，令投資人爭相競逐。

成為日本企業的大股東

由此可見，巴菲特並不會跟隨市場潮流去買賣股票，相反的，他是一名「逆勢交易者」。

所謂的逆勢投資，就是當股票處於人氣高漲的上升階段時賣出、當股票處於人氣低迷的下降階段時買進，這是一種與市場主流背道而馳的投資方式。問題是，萬一誤判趨勢的話，就有可能在買進之後股價仍持續落底，進而面臨損失擴大的風險。

然而，巴菲特是一位有能力妥善操作逆勢投資法的優秀投資家。當網路泡沫破滅，群眾爭先恐後地「賣出」股票時，他就用手邊充裕的資金，陸續買進那些無端被捲入泡沫崩盤而被賤賣的股票。

正如本書前面的章節所述，巴菲特之所以能像這樣華麗地施展自己的投資術，就**是因為他相信、並持續實踐著自己在人生不同階段所學到的投資「判斷標準」之緣故。**

就在距離網路泡沫破裂正好二十年後的2020年3月，新型冠狀病毒的疫情擴散，全球經濟大受打擊。當許多股票被賤價拋售之際，據說一向不買日本股票的巴菲特，分別取得了日本五大商社[3]5%的股份，成為這些公司的大股東。事實上，他早在一年之前就開始布局買進這些股票了，究竟他打的如意算盤是什麼呢……？

3 五大商社：即伊藤忠商事、三菱商事、住友商事、三井物產，以及丸紅等，是從事商業貿易或事業投資等多角經營的綜合商社，均為日本最具代表性的公司。巴菲特在2020年以約65億美元買下日本五大商社的股份，持股率逾5%；2023年4月中旬進一步增持至7.4%。

1995年
自從網際網路向大眾開放以後，
便迅速地普及開來……
活用網路的新創公司也如
雨後春筍般一一出現。
這些公司因其網域
名稱中的「dot com」，
而被泛稱為
「dot com公司」。
don't really know what to do. This
you will find some cool pictures
to cool sites and some windows 95

1999~2000年前後
以美國為中心所發生IT產業相關的經濟狂熱，又稱為「網路泡沫」——
這下巴菲特說不定沒戲唱了……
明明身處這個新時代，竟然完全不投資IT公司，這根本說不過去嘛！
看來這位「奧馬哈的先知」也差不多過氣了！
對了
我前幾天買進的那家軟體公司，它的股價又上漲了喔！
這都得感謝IT產業！
美國經濟的前景可是一片光明哪！
然而……

隔年
曾經風靡一時的「dot com公司」……
今年的業績轉趨低迷！
「IT泡沫」似乎已經破滅……
這是一年前根本無法想像的狀況！
那些把大把鈔票押在科技股的人，恐怕都傾家蕩產了吧!?
聽說巴菲特正在買進那些被捲入這波崩盤中的公司股票喔……
這種時候大概也只有巴菲特還有足夠的資金站在買方了吧！
明明所有投資人都爭先恐後地在「拋售」股票……

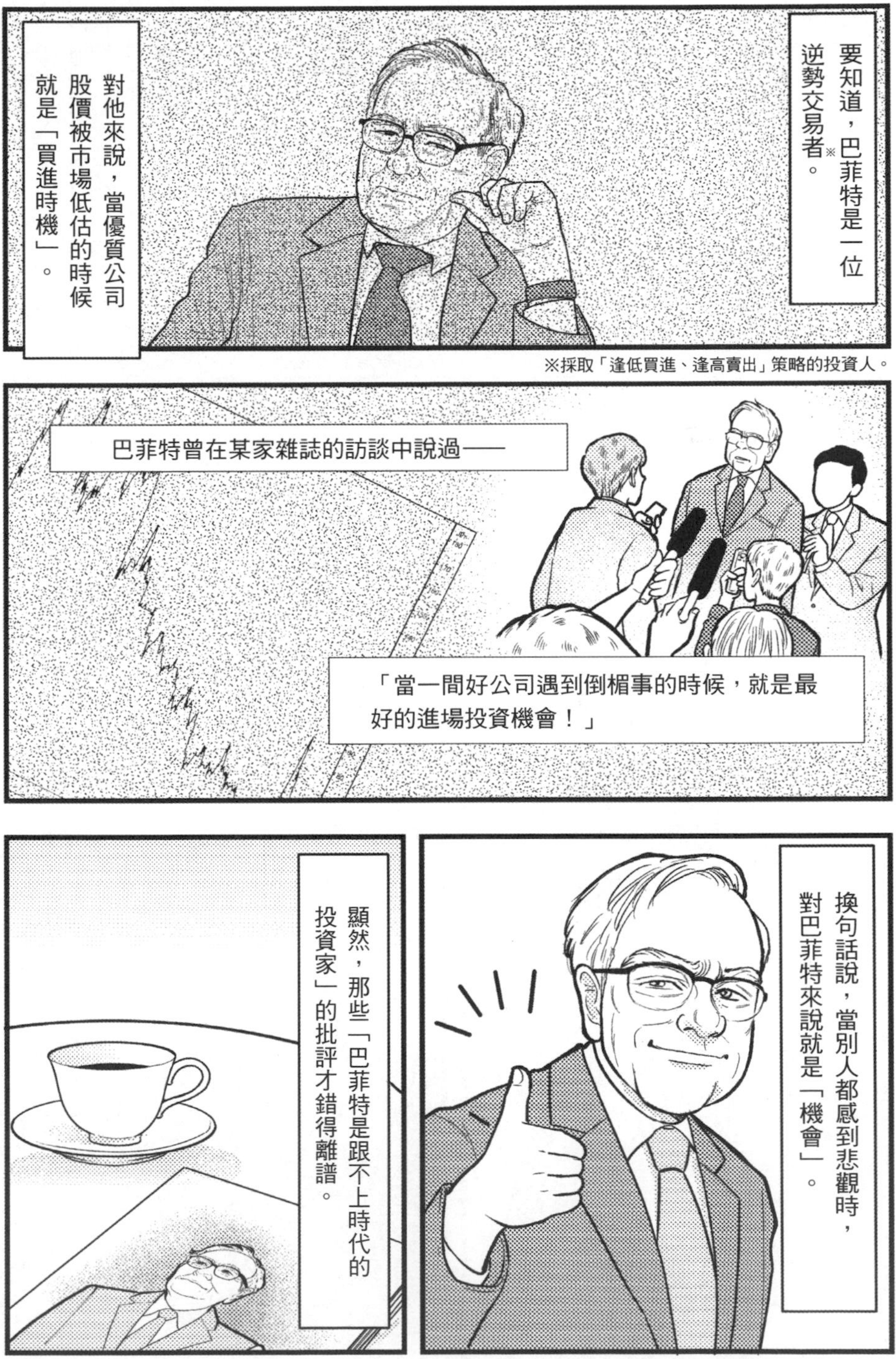
要知道，巴菲特是一位逆勢交易者※。
對他來說，當優質公司股價被市場低估的時候就是「買進時機」。
※採取「逢低買進、逢高賣出」策略的投資人。
巴菲特曾在某家雜誌的訪談中說過——
「當一間好公司遇到倒楣事的時候，就是最好的進場投資機會！」
換句話說，當別人都感到悲觀時，對巴菲特來說就是「機會」。
顯然，那些「巴菲特是跟不上時代的投資家」的批評才錯得離譜。

2020年8月30日
快報插播
美國著名的投資家，有「股神」之稱的巴菲特……
巴菲特
華倫・巴菲特
稍早宣布以65億美元取得日本五大商社的股票！
巴菲特花了一年的時間，分批買進各大商社的股票……
據說目前他在各大商社的持股率已經超過5％了！
持股率超過5％就表示巴菲特已經成為這些公司的大股東……
聽說巴菲特一向不碰日本股票的啊…!?
他究竟打著什麼如意算盤呢？
真是猜不透啊……

把資金分散在那五家公司，代表他只是純投資※1嗎？
巴菲特並不是「維權投資者※2」，所以很難想像他會直接參與一間公司的治理……
況且——為什麼他會鎖定日本的商社呢？

※2 意指會插手公司決策的激進股東。

※1 並非是以取得公司經營權為目的的投資。

因為日本商社比較特殊吧！
「從拉麵賣到飛彈……」其他國家應該沒有像這種類型的企業吧!?
關於「巴菲特為什麼會買進日本商社的股票」，
市場上流傳著各種臆測……
但他所投資的幾大商社並未做出防備或反制的動作。

巴菲特以所以買進日本股票的理由，據推測有以下幾點——
首先，日本有很多長壽型企業，很適合做長期投資。
其中，綜合商社又是歷史特別悠久的公司。
此外，綜合商社的事業規模非常龐大，
從這一點來看，是非常符合巴菲特投資風格的對象。
除此之外，這些股票的現金殖利率通常都較高，也是一個可以想見的理由。
商社的現金殖利率大約是3～5%……
在配息率普遍不高的日本股票中，選擇殖利率水準相對高的這一點，據信也是他看中商社的理由。

巴菲特說……
日本的綜合商社在世界各地皆有很多合資企業，
而且未來也很有可能發展出更多這種夥伴關係。
我希望，未來能跟這些公司有互惠互利的機會！
雖然美國經濟，在新冠肺炎的疫情影響下大受打擊……
但巴菲特——
即使已年過90歲，依然站在市場的第一線昂首展望著未來！

無論市場榮枯 都要相信自己的判斷

隔年
曾經風靡一時的「dot com公司」……
今年的業績轉趨低迷！

投資IT公司對巴菲特的意義是？

在1999到2000年前後，全球興起了一陣投資科技股的狂潮，包括微軟、英特爾、世界通訊（WorldCom）等IT相關公司的股價迅速飆漲，龐大的交易量與熱錢也讓所謂的「網路泡沫」愈堆愈大。

不過，巴菲特卻反其道而行，他完全不碰IT公司的股票，甚至還斬釘截鐵地說：「我是IT這個領域的門外漢，所以我不會碰科技股。」隨後，持續將近兩年的網路泡沫戛然而止，泡沫破裂的結果對美國股市造成巨大影響，當許多投資人都血本無歸、欲哭無淚的時候，巴菲特被自己的投資判斷救了一命。

然而，**就在網路泡沫破裂的十多年後，巴菲特所經營的波克夏・海瑟威，卻突然開始買進IT公司的股票**。許多媒體對此大感意外，開始關注巴菲特後續的動向。網路泡沫破裂都過去好幾年了，巴菲特究竟是抱持著什麼樣的心態，開始涉足科技領域的呢？

並非「因為是IT公司」才給予肯定

巴菲特第一次買進IT相關的股票，是在2011年。他斥資107億美元，買進經營電腦製造與銷售的IBM股票，成為該公司的第一大股東[4]。

當時，媒體大篇幅地報導巴菲特的這項行動，探究「奧馬哈的先知為什麼會改變

4 意指持股比例最大的股東，有能力左右公司董事會的表決權。

心意？」但一直到幾個月後，巴菲特的真實意圖才終於揭曉。

在２０１１年即將進入尾聲的11月，也就是巴菲特買進ＩＢＭ股票的數個月後，他接受ＣＮＢＣ新聞台的採訪，表明了自己的想法。

巴菲特對ＩＢＭ的評價是，他相當肯定ＩＢＭ作為一間顧問公司迄今為止所鞏固的地位，並提供其他公司沒有的服務。同時，他也稱讚ＩＢＭ擁有優異的長期策略。**換句話說，他是從不同的角度來評價IBM這間公司，而非單純的把它當成是一間IT公司來看。**

到了２０１６年，波克夏．海瑟威繼續加碼ＩＢＭ的股票，而且也買進了銷售iPhone等產品的蘋果公司股票。同樣的，巴菲特也沒有把蘋果當成是一間ＩＴ公司來看待，他從蘋果現有產品出眾的設計感，以及充分利用此一優勢的事業拓展上，看到了蘋果這間公司的價值所在。

此外，**關於投資蘋果公司一事，據說巴菲特的接班候選人，也發揮了強大的影響力。**儘管巴菲特仍活躍於第一線，但他如今已高齡93歲（截至２０２４年1月）。如果考量到年齡的話，當然會把接班一事放在心上。

在波克夏的資產管理上，有「巴菲特接班人」之稱的人選，包括泰德・魏斯勒（Ted Weschler）與托德・康布斯（Todd Combs）等人，他們都是波克夏的投資經理人，被授予約10億美元的投資權限，據信他們都把大部分的資金用於投資蘋果公司。

如何實踐
巴菲特雪球投資術？

只投資那些自己能理解其「商業模式」的公司

巴菲特檢驗公司的4大指標

巴菲特會依據自己「投資判斷」的標準，徹底檢視投資標的，因此他所做的投資，不太會受到景氣[5]榮枯的影響。他的投資立場，大致可以分成以下4點：

①股價是否低於它的內在價值？

首先，是「一間公司的股價，**是否比它的內在價值便宜**」。正如本書第一部分介紹的，這一點強烈反映出巴菲特早年從葛拉漢的著作中所學到「價值投資」觀念。

如何判斷一間公司是否值得投資？

- **股價**：股價是否低於它的內在價值？
- **事業**：你是否理解它的事業內容？
- **業績**：長期來看，它的業績是否值得期待？
- **能力**：它的經營者是否有能力帶領公司？

↓

只投資完全符合這些條件的公司！

②你是否理解它的事業內容？

③長期來看，它的業績是否值得期待？

其次，是本書第三部分介紹的壯年期，巴菲特從「費雪理論」中學到「必須了解一間公司的事業內容」與「必須預期一間公司的業績，長期來看會很理想」這兩件事。

④它的經營者是否有能力帶領公司？

最後，是本書第四部份介紹的，

5 景氣：反映在買賣或交易等行為上的經濟狀況。

「必須評估一間公司的經營者，是否有能力帶領公司成長」。巴菲特從過往的投資經驗中，發現了這4個足以徹底檢驗投資標的的重要指標。

除非一間公司完全符合這4大指標，否則巴菲特是不會投資的。而基於「必須了解一間公司的事業內容」這點，也說明了巴菲特早期為什麼不願意涉足IT產業。

那麼具體來說，究竟要理解到什麼程度，才算是滿足上述的投資標準呢？

關鍵就在於，**你能不能用簡單易懂的方式，向他人說明一間公司的商業模式**。包括它是怎麼獲利的？它未來的前景如何……等等，如果你做不到這一點，那麼就代表你還不夠了解那間公司。

巴菲特早期之所以避開科技股，正是因為要掌握IT等高科技產業需要具備一定程度的專業知識，而那是巴菲特陌生的領域。

如何不被股價短期的波動迷惑？

巴菲特之所以能不受市場價格（股價）的影響進行投資，是因為他懂得如何評估

巴菲特投資蘋果公司的案例

〈蘋果（AAPL）月線圖：2007年12月～2021年3月〉

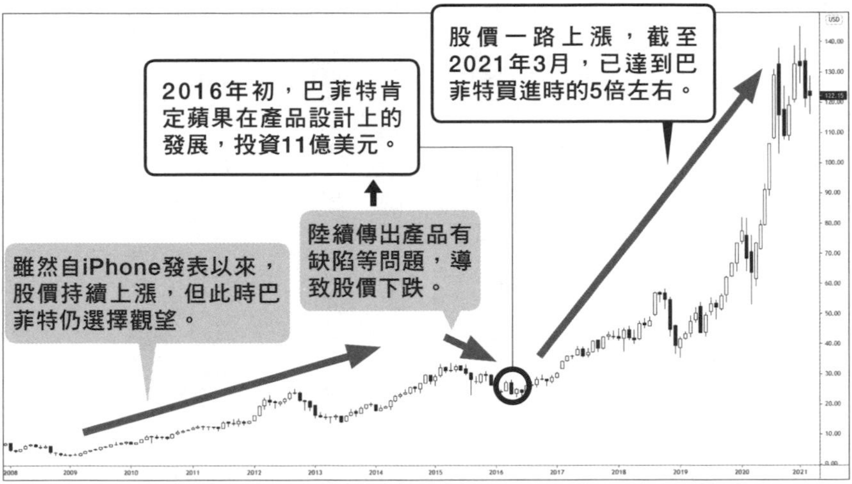
股價一路上漲，截至2021年3月，已達到巴菲特買進時的5倍左右。
2016年初，巴菲特肯定蘋果在產品設計上的發展，投資11億美元。
陸續傳出產品有缺陷等問題，導致股價下跌。
雖然自iPhone發表以來，股價持續上漲，但此時巴菲特仍選擇觀望。

一間公司的「合理價格」——他關注的一向是公司的「內在價值」，而非短期的價格波動，透過這個方式，他就能判斷當前的股價是否處於合理的價位。

一間好公司的股價跌到不合理的價位，這在市場上其實是司空見慣的事。雖然股價是由需求及供給的關係來決定價格，但需求（市場上的人氣），則取決於群眾對短期經濟的預期。因此，長期來看處於上漲趨勢的公司股價，因為一時的預期而下跌是常有的事。

舉例來說，當公司發生負面事

件時，突如其來的變故會引發投資人的恐慌，進而對股價造成影響。像這種時候，就是最好的「進場」時機，因為此時公司的「市場價值」（人氣）會與它的「內在價值」（請參閱74頁）背離，請務必要牢記這一點。只要預先掌握一間公司的「合理價格」，就能夠注意到「現在的股價之所以下跌，是因為投資人受到市場氛圍的影響」。

一旦你掌握了這一點，你就能充分利用經濟不景氣的時機，因為當景氣衰退時，通常所有公司的股價都會受到波及，你可以用划算的價格買到優質公司的股票。

巴菲特是怎麼發掘好公司的？

巴菲特在尋找投資標的時，會準備好紙張與鉛筆，依序寫下以下的內容：

- **寫下知道「它在做什麼」的公司名稱。**
- **剔除股價過高，以及他認為經營者或事業環境不佳的公司。**
- **把自己當作公司繼任者，分析名單中剩餘公司的優勢與劣勢。**

巴菲特選股的3個步驟

- □ STEP 1　寫下知道「它在做什麼」的公司名稱。

↓

- □ STEP 2　剔除股價過高，以及他認為經營者或事業環境不佳的公司。

↓

- □ STEP 3　把自己當作公司繼任者，分析名單中剩餘公司的優勢與劣勢。

乍看之下，這個方法似乎很老派又缺乏效率，但是這種把腦中印象轉換為文字的方式，可以讓你更清楚地認識自己要投資的公司，包括是否充分理解那家公司的商業模式、它面對的挑戰是什麼，以及它未來的發展性如何等等。

POINT

- 掌握投資對象的商業模式，必須要達到能向他人清楚說明的程度。
- 把你的投資標的寫在一張紙上，客觀地篩選與思考它們的優劣。

後巴菲特時代的波克夏・海瑟威

快報插播
美國著名的投資家，有「股神」之稱的巴菲特……
巴菲特
華倫・巴菲特
稍早宣布以65億美元取得日本五大商社的股票！

首次插旗日本股市的巴菲特

2020年8月30日，巴菲特在自己90歲生日這天，分別取得日本五大商社（伊藤忠商事、三菱商事、三井物產、住友商事、丸紅）5%的股份。繼IT相關公司之後，據說一向對日本市場沒興趣的巴菲特，卻突然鎖定日本商社的股票，這也在市場人士之間引起軒然大波。

雖然目前還無法準確評估巴菲特這次進軍日股的意義，但對於有重量級投資家看好日股一事，大多數人還是樂見其成的。

此外，也有部分的觀點認為，巴菲特此舉證明了日本企業未來還有許多成長的空間。無論如何，巴菲特買進日本股票一事，對日本來說是一個正面且令人振奮的話題。

巴菲特進入日本股市的真實意圖是？

巴菲特之所以買進日股，第一個被外界提起原因，是因為日本有許多長壽型的公司，很適合做長期投資。其中，日本綜合商社的歷史特別悠久，事業規模也很大。而且這些商社近年來也致力發展投資事業，因此對巴菲特而言，是容易理解、知道「它在做什麼」的標的。

此外，也有一種看法認為，巴菲特是看中了日本商社的「高現金殖利率」。受到新冠病毒疫情的影響，日本商社的股價已被市場低估，這使得它們可預期的現金殖利率也偏高。在日本股市中，若一檔股票的現金殖利率超過3％，就可視為是高殖利率股，而大型商社的股票殖利率平均皆有將近4％的水準，有些甚至還超過5％，例如三菱商事的5．9％、住友商事的5．6％、三井物產的5．0％等等。

經過一番考察之後，巴菲特公開表示，**他對於在全球各地設置據點、長期經營且未來性可期的日本商社相當樂觀**。如此看來，他投資這些公司的著眼點，就在於「未來的持續性」。

在那之後，市場在貨幣寬鬆政策的影響下，股市行情呈現堪比泡沫時期的漲升趨勢。截至２０２１年３月為止，巴菲特所買進的五大商社股票，其價格都仍在持續上漲中。

巴菲特的現在與未來

根據媒體報導，２０２１年３月10日，巴菲特的資產正式突破１０００億美元。即便已被譽為「股神」，受到全球投資人的關注，**但他絲毫沒有停下腳步，依然持續尋找機會放大自己的資產規模**。

在波克夏・海瑟威公布的「２０２０年度投資組合」[6]中，波克夏的持股比例分別為蘋果44％、美國銀行11・３％、可口可樂８・１％、美國運通６・８％。

未來，無論巴菲特會如何加碼或交易股票，他的資產管理動向依然是投資人必須持續關注的焦點。

6　投資組合：即持有的金融商品（此處為股票）組合，包括個股的持有比例等。

挑選穩定成長且追求永續發展的好公司

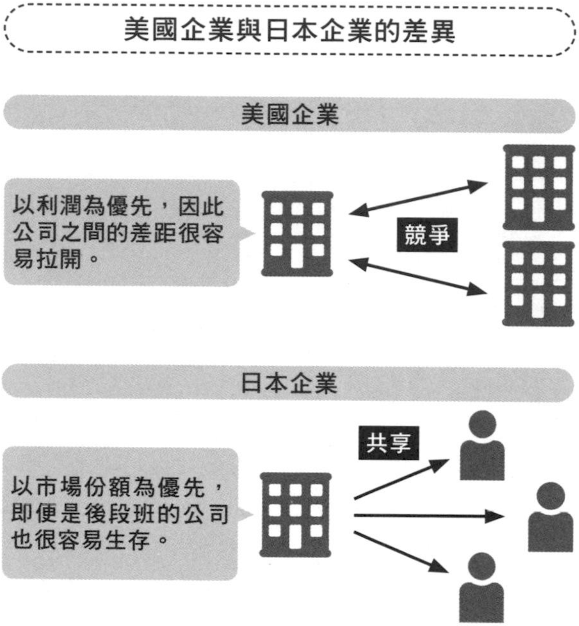
美國企業與日本企業的差異
美國企業
以利潤為優先，因此公司之間的差距很容易拉開。
競爭
日本企業
共享
以市場份額為優先，即便是後段班的公司也很容易生存。

重視「公共性」的日本企業

到目前為止，本書已介紹了巴菲特的投資之道與哲學，只不過，巴菲特所投資的美國企業，與筆者所在地的日本企業，兩者在特徵上卻有很大的差異。最常被人提起的，就是日本企業的利潤率[7]比美國企業還要低。

比起創造更高的利潤，重視公共

適合長期投資的日本企業

創業超過100年的公司

名次	國家	數量
第1名	日本	3萬3,076間
第2名	美國	1萬9,497間
第3名	瑞典	1萬3,997間

創業超過200年的公司

名次	國家	數量
第1名	日本	1,340間
第2名	美國	239間
第3名	德國	201間

出處：日經BP顧問公司（2020年3月）

↓

日本是全世界擁有最多長壽企業的國家

↓

由於持續性高，因此適合長期投資

性[8]的日本企業更傾向把自家的產品或服務廣泛地分享給社會大眾，即便有時會增加成本、降低利潤率。

不僅如此，比起個人利益，日本企業也更重視公共利益，因此不同公司之間的利潤率，差距並不會太大。若跟外國公司相比，在日本，即便是處於市場後段班的公司，也不太需要擔心自己會被市場淘汰。因此，日本有很多持續性高的企業，許多甚至都經營了超過一百年以上（如上圖）。

7 利潤率：利潤在整體營收中的占比。

8 公共性：意指所有群眾普遍共通的事物，或是以各式各樣的人所生活的「社會」團體為對象。

對於像巴菲特這種中長線投資人來說，那些長期穩定成長的公司，往往會被視為是理想的投資標的。此外，這些公司由於長期下來累積了龐大的資本，當它們在面臨經濟不景氣時，也更容易存活下去。正因為如此，巴菲特才會在新冠疫情衝擊金融市場的時候，看中日本大企業並加以投資的吧。

鎖定現金殖利率高的公司

巴菲特投資日本五大商社的另一個原因，據推測是因為在現金殖利率普遍低於外國的日本，日本商社股票的殖利率是相對較高的。

投資股票能產生的收益分成兩種，一種是投資人買進與賣出時的差價，所創造的「資本利得」；另一種則是從公司發放的股息中，賺取「股利收入」。

對短線交易者來說，只要關注股價上漲／下跌的資本利得即可，但如果是中長線投資人，除了資本利得，還必須關注長期持有股票可以賺取的股利收入。**透過投資「長期來看業績會有所成長，能賺到高額資本利得的公司」，且「現金殖利率很高，能同時賺到股利收入的公司」**，即可更有效率的提高收益。

股利、差價兩頭賺的範例

〈Verite（9904）月線圖：2015年10月～2021年3月〉

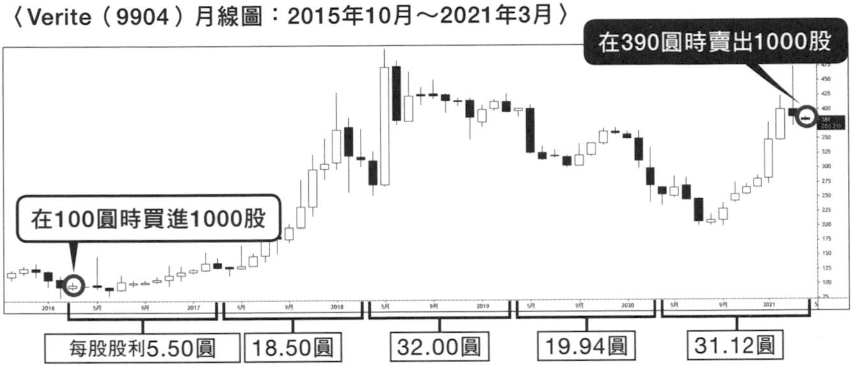
在390圓時賣出1000股
在100圓時買進1000股
每股股利5.50圓
18.50圓
32.00圓
19.94圓
31.12圓

資本利得（買賣價差） 股利收入（合計股利） 持有高配息成長股五年的收益約為40萬圓

（ 290圓 ＋ 107.06圓 ）× 1000股 ＝ 39萬7060圓

辨識長期穩定成長的金雞母

那麼，投資人該如何分辨出長期穩定「好公司」呢？

從巴菲特以往的喜愛的公司來看，包括美國銀行、可口可樂、美國運通、卡夫亨氏等等，這些公司都具備強大的品牌力。也就是說，巴菲特偏好投資「品牌價值高，且能夠抓住消費者心理的公司」，或是「即使其他公司想模仿，也很難模仿得來的公司」，他認為這就是辨識出一間公司是否長期穩定成長的關鍵之一。

此外，作為分辨長期穩定公司

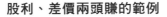

的指標，近年來有一個關鍵字，與SDGs（永續發展目標）[9]同樣備受關注，那就是「ESG投資」。所謂的ESG，就是「環境保護」（Environment）、「社會責任」（Social）、「公司治理」（Governance）的英文縮寫，是「聯合國責任投資原則」[10]中採用的一套概念。

ESG追求的目標，包括「在不破壞自然環境的情況下，對削減二氧化碳排放量能做出多少貢獻」的環境保護觀點、「不侵犯人權的勞動方式」的社會責任觀點，乃至於「公正性與透明度高的經營（公司治理）」的經營管理觀點等。而選擇投資「將ESG納入考量」的公司，就是所謂的「ESG投資」。

用ESG評估公司是否有做好風險管理

ESG投資具有「降低風險」的優點。像是自然環境破壞、社會問題惡化及員工就業維持等問題，都很容易對公司經濟活動的存續造成重大影響。

透過評估ESG，可以得知一間公司的經營者是否充分理解這個概念，以及公司是否有積極因應這些問題，這有助於掌握公司在「風險管理」[11]上的優劣。為了找到

藉由「ESG投資」減少風險

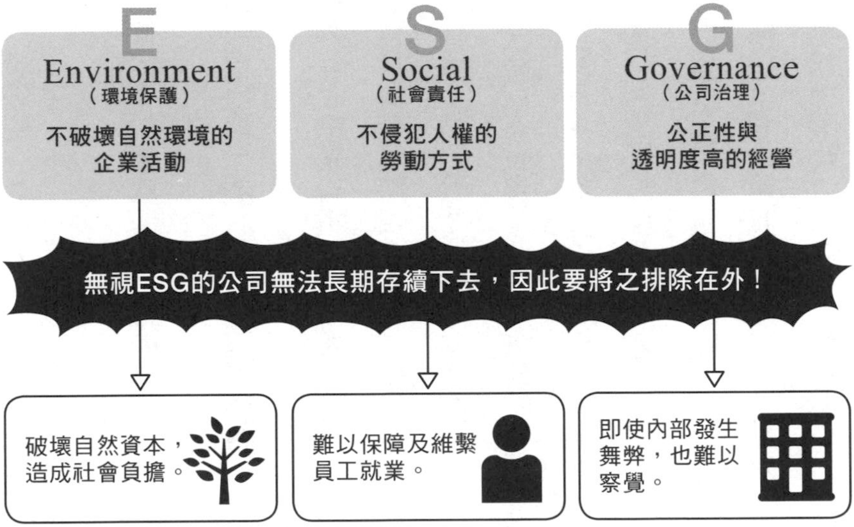
E
Environment
（環境保護）
不破壞自然環境的
企業活動
S
Social
（社會責任）
不侵犯人權的
勞動方式
G
Governance
（公司治理）
公正性與
透明度高的經營
無視ESG的公司無法長期存續下去，因此要將之排除在外！
破壞自然資本，
造成社會負擔。
難以保障及維繫
員工就業。
即使內部發生
舞弊，也難以
察覺。

長期穩定具有高度持續性的公司，檢視它們在ESG方面的措施是一個不錯的方法。

巴菲特也積極地關注ESG投資，波克夏．海瑟威在風力發電等再生能源上投入了大筆資金，他自己也多次在股東大會上談及核武與傳染病等社會問題。

9 SDGs：永續發展目標（Sustainable Development Goals）的英文縮寫，是由聯合國為國際社會制定的一系列共同目標。

10 責任投資原則：旨在幫助投資人理解環境、社會和公司治理等要素對投資價值的影響。

11 風險管理：透過有組織地管理風險，藉此迴避或減少損失。

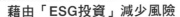

那些會破壞自然環境、侵犯人權等對社會造成負面影響的公司，即使能在短時間內賺到錢，但長期來看必定難以存續。

因此，對於像巴菲特這樣的中長線投資人來說，ESG的觀點是非常重要的。

用「價值投資」的心態去買賣股票

此外，企業是否重視自身與社會的關係，還有從道德面的檢視是否健全，這些都是在選擇投資標的時很重要的環節。

關於這一點，巴菲特也深有體會。

就如同他在投資生涯的「所羅門兄弟訴訟案」（請參閱171頁），或是「美國運通訴訟案」（請參閱110頁）中所見，**當一家公司引發或被捲入負面事件時，投資人就會陷入恐慌，導致股價暴跌**。

雖然有時只是暫時性的下跌，但股價也有可能從此一蹶不振，因此身為投資人，也必須關注一家公司的公正性及透明度才行。

所謂的「投資」，就是把你的資產，投入對你來說「有價值」的事物上。

波克夏的前5大持股（2020年）

股票名稱	持有金額（美元）	持股比例
蘋果（AAPL）	1177.14億	43.6%
美國銀行（BAC）	306.16億	11.3%
可口可樂（KO）	219.36億	8.1%
美國運通（AXP）	183.31億	6.8%
卡夫亨氏（KHC）	112.87億	4.2%

出處：日本摩乃科斯證券

▼

皆是具備強大品牌力的公司

如果你不打算持有一檔股票超過十年，
那麼連十分鐘也不應該持有它！

巴菲特一向抱持著「如果你不打算持有一檔股票超過十年，那麼連十分鐘也不應該持有它」的想法在做投資，換句話說，如果你打算以投資股票的方式來運用自己的資產，就有必要徹底看清楚你要投資的公司，究竟是不是真正「有價值」的公司。

POINT

- 關注公司「未來的持續性」高不高。
- 重視社會關係的公司，其長期穩定性往往也較高。
- 投資那些你願意抱股十年的公司。

History
巴菲特的年譜

追溯巴菲特從幼年期開始勤做生意，最後成為億萬富翁的一生！

1929年
- 爆發經濟大蕭條

START

1930年｜0歲
- 8月30日在內布拉斯加州的奧馬哈出生。

1931年｜1歲
- 父親霍華成立證券公司

1936年｜6歲
- 在住家附近挨家挨戶地兜售口香糖和可樂。

父親霍華，與母親萊拉生下了巴菲特。

有沒有人要買口香糖啊～？一包只要5美分喔！
他在住家附近沿街叫賣口香糖，每賣出一包就賺到2美分的利潤。

1937年｜7歲
- 讀到《1000種賺進1000美元的方法》這本書。

1940年｜10歲
- 販賣二手高爾夫球與爆米花。
- 跟隨父親前往紐約證交所。

1941年｜11歲
- 首次投資股票，買進「城市服務」。

1943年｜13歲
- 為《華盛頓郵報》等報社送報紙。

1945年｜15歲
- 購買農地，做起農業生意。

1947年｜17歲
- 跟理髮店合作，做起彈珠檯生意。

終於……
我終於可以在葛拉漢先生的底下做事了……！

1949年｜19歲

- 初識葛拉漢的《智慧型股票投資人》。

1950年｜20歲

- 自內布拉斯加大學畢業。
- 進入哥倫比亞大學商學院就讀。
- 造訪保險公司蓋可，結識戴維森。
- 在商學院上葛拉漢的課。
- 結識蘇珊．湯普森。

1951年｜21歲

- 自哥倫比亞大學商學院畢業。
- 到父親的證券公司上班。

1952年｜22歲

- 與蘇珊．湯普森結婚。

1954年｜24歲

- 接受葛拉漢的邀請，進入葛拉漢．紐曼公司工作。

於是——
這兩個人在事業上
成為彼此的好夥伴，
也成為傳聞中
「世界第一的投資人」
與在一旁支持他的
「得力助手」二人組。

1956年｜26歲

- 葛拉漢自公司董事會退休。
- 離開葛拉漢．紐曼，回到故鄉奧馬哈。
- 成立巴菲特聯合有限公司。

1959年｜29歲

- 在朋友的介紹下結識蒙格。

1963年｜33歲

- 「沙拉油醜聞案」爆發，美國運通的股價暴跌。

1964年｜34歲

- 買進美國運通的股票。
- 開始接觸「費雪理論」。

1965年｜35歲

- 出任波克夏．海瑟威的董事長。
- 任命肯恩．蔡司為波克夏的總經理。

1972年｜42歲

- 收購時思糖果。
- 與蒙格一起出任時思的董事。

我叫華倫．巴菲特，我想買貴公司的股票，所以特地來這跟您商量。
你要投資我們公司…!?

蔡司，我希望能夠由你來接任波克夏．海瑟威的總經理。
什麼？

雖然還是有一些顧慮…
不過如果按照「費雪理論」來思考的話，時思確實是一家好公司。

1973年｜43歲

- 買進《華盛頓郵報》的股票。

1974年｜44歲

- 擔任《華盛頓郵報》的獨立董事。

1976年｜46歲

- 投資400萬美元，出手協助蓋可公司走出虧損。

喀嚓
喀嚓
我是出任所羅門兄弟臨時執行長的——
華倫·巴菲特！
喀嚓
喀嚓

1979年｜49歲
- 蒙格出任波克夏的副董事長。

1985年｜55歲
- 波克夏關閉紡織部門。

1987年｜57歲
- 投資所羅門兄弟公司7億美元。
- 與蒙格一起加入該公司的董事會。

1991年｜61歲
- 所羅門兄弟爆發違法交易事件。
- 出任該公司的臨時執行長，致力處理法律問題。

1999年｜69歲
- 發生網路泡沫。

2000年｜70歲
- 網路泡沫破裂。

2011年｜81歲
- 退出《華盛頓郵報》的董事會。
- 買進IBM的股票。

2016年｜86歲
- 買進蘋果公司的股票。

2020年｜90歲
- 新型冠狀病毒肆虐全球。
- 成為日本五大商社的大股東。

快報插播
美國著名的投資家，有「股神」之稱的巴菲特……
稍早宣布以65億美元取得日本五大商社的股票！
巴菲特
華倫·巴菲特

2021年3月達成
- 資產**1000億**美元！
- 成為全球排名**第6**的資產家！

結語

不知道用這種說故事的方式，有沒有淺顯易懂地傳達出巴菲特過往的投資生涯與非凡成就呢？

在讀完本書後，請不要只是在心中想著「這個人真厲害！」後，就不了了之了。世界上有非常多一般人無法模仿的超級巨星，不過，巴菲特是你「可以模仿的偉人」。巴菲特一直以來在做的，就只是根據恩師葛拉漢所傳授的學問，與從親身經歷中記取的教訓，遵守自己決定的原則去投資而已。

所以，只要能夠採納任何一丁點巴菲特的想法，即使只是「更接近巴菲特一公釐」也好，那麼就算遠不及他的水準，但從長期來看，也足以確實地增加你的資產。

但願本書能讓各位的人生更加豐盛。

濱本明

【提醒事項】

股票投資一定有風險的交易，有可能受市場波動導致本金損失。
本書係以提供資訊為目的，包括股票投資的相關方法與知識，但並不鼓勵勸誘或買賣股票的行為。
關於本書所解說的內容，儘管希望能面面俱到，但並不保證其資訊的正確性與完整性。包括製作者、銷售者及作者，對於本書資訊所衍生的投資結果概不負責。實際的投資交易請在個人判斷與責任下進行。
關於書中所述的狀況等歷史認知的部分，乃經監修者確認或根據相關資料進行編製。儘管出版社與製作者力求本書的正確性，但仍有可能因立場不同而有不同的解釋，懇請知悉。

漫畫 巴菲特雪球投資術

マンガでわかる バフェットの投資術

總 監 修　濱本明
漫　　畫　Chabo
譯　　者　劉格安
主　　編　郭峰吾

總 編 輯　李映慧
執 行 長　陳旭華（steve@bookrep.com.tw）

出　　版　大牌出版／遠足文化事業股份有限公司
發　　行　遠足文化事業股份有限公司（讀書共和國出版集團）
地　　址　23141新北市新店區民權路108-2號9樓
電　　話　+886- 2- 2218 1417
郵撥帳號　19504465遠足文化事業股份有限公司

封面設計　萬勝安
排　　版　藍天圖物宣字社
印　　製　博創印藝文化事業有限公司
法律顧問　華洋法律事務所 蘇文生律師

定　　價　380元
初　　版　2023年12月

電子書EISBN
978-626-7378-26-7（EPUB）
978-626-7378-25-0（PDF）

國家圖書館出版品預行編目（CIP）資料

漫畫 巴菲特雪球投資術 / 濱本明總監修 ; Chabo 漫畫 ; 劉格安 譯 . – 初版 . -- 新北市 : 大牌出版 , 遠足文化事業股份有限公司 , 2023.12
240 面 ; 14.8×21 公分
譯自：マンガでわかる バフェットの投資術
ISBN 978-626-7378-27-4 (平裝)
1. 巴菲特 (Buffett, Warren) 2. 投資 3. 理財 4. 漫畫

563.5　　　112020113